Uahtibili Báez Santiago
Huana Naboli Martínez Prieto

"Puerto Rico": la gran mentira

Ilustraciones y arte gráfico por
Luis Roberto Domínguez

Edición Revisada
2008

ISBN: 1-59608-517-7

Si interesa adquirir ejemplares adicionales de este libro, comuníquese o escriba a la siguiente dirección:
Uahtibili Báez Santiago
HC-02 Box 7529
Camuy, P. R. 0027
Tels. 787-214-5763; 787-596-5319
movijibo@yahoo.com

Si desea los servicios profesionales del Artista Gráfico e Ilustrador Luis R. Domínguez, contacte:
psycho_elf_66@ yahoo.com

Agradecimientos

Agradecemos a todas las personas que nos abrieron las puertas de sus hogares y nos permitieron entrevistarles. En especial a los abuelos y abuelas que con sus cuentos y conocimiento nos ayudaron a hacer posible este proyecto.

Dedicatoria

Esta publicación es dedicada a dos adorables abuelos, Doña Juana Ortega y Don Edelmiro Báez. Quienes fueron empujados a abandonar sus tierras a principios del siglo 20, en las décadas del 20 al 30, para no tener que someterse a las condiciones de explotación y de abusos que establecieron los hacendados criollos españoles. Abuela Juana y abuelo Edelmiro prefirieron luchar para sobrevivir libres y con dignidad en los arrabales de San Juan, que someterse. Los más de 60 años de luchar en contra del discrimen por ser indígenas jíbaros no pudieron doblegar su orgullo por mantener sus costumbres y su cultura nativa. ¡Gracias abuelos por enseñarnos el camino!

Yumac y Chico.

3

Doña Juana (91 años) con su nieto Yumac.

Don Edelmiro (70 años) con su nieto
Malcom. (El abuelo falleció a los 80 años).

Chico junto al rostro del ancestro Mabodamaca,
Pto. Hermina, Quebradillas.

Yumac Báez Martínez junto a su padre Uahtibili,
frente a las raíces de un árbol de ceiba.

Biografía

Uahtibili Báez Santiago

Nació en el arrabal El Fanguito. Su familia es oriunda del Barrio Caguana de Utuado. Es agricultor, artesano, escritor y activista en pro de los derechos indígenas del pueblo Boricua. Junto a él, Yumac y Huana, parte de su familia.

Huana Naboli Martínez Prieto,

(anteriormente conocida como Juana Grisel Martínez Prieto) Nació en Rio Piedras, y se crió en el caserío Res. Luis Lloréns Torres. Tiene un Bachillerato en Biología y es Maestra de Escuela Elemental en el Departamento de Educación Pública. Autora de cuentos para niños y activista en pro de los derechos indígenas del pueblo Chib'al'o (jíbaro) Boricua.

Presentación

Hace tres semanas regresé de Bogotá, de lo que fue un viaje muy significativo. Fui como parte de un grupo de estudiosos que nos interesamos en temas de medioambiente, propiedad y diversidad cultural. La estadía en esa ciudad por una semana intensa me permitió acercarme a realidades bogotanas que difícilmente cualquier turista podría disfrutar. Visitamos comunidades asentadas de manera informal en busca de espacios para un hogar propio. Conocimos las políticas dirigidas a propiciar los espacios públicos, y algunos de los efectos detrimentales sobre comunidades pobres y ciudadanos sin techo, desplazados de un espacio a otro espacio menos evidente. Visitamos también los llamados resguardos, en este caso, un resguardo de uno de los grupos indígenas conocido como los Muiscas. Los resguardos, extensiones de tierra concebidas por los españoles colonizadores de lo que es hoy Colombia, se constituían con el propósito de arrebatar grandes extensiones de tierra a los indígenas y limitarlos a los resguardos para que trabajaran ese espacio para beneficio de encomenderos. A través de los resguardos, los indígenas perdieron un 95 por ciento de sus tierras. Hoy día, los resguardos modernos se mantienen como propiedad colectiva incapaz de ser enajenada y como forma de salvaguardar cierto espacio, autonomía y derechos constitucionales para cinco grupos de cuatro etnias de indígenas. La experiencia fue maravillosa.

En la guagua donde nos transportábamos, ya de regreso, una de las participantes del evento me preguntaba detalles sobre Puerto Rico. Ella se dedica a estudiar el tema de los desplazamientos indígenas en Colombia. Compartía con ella con mucho entusiasmo aquellos otros temas sobre los que más conozco de nuestro país, y aquellos que todavía quedan en mi memoria producto de mi entusiasmo de niña por conocer sobre la historia de Puerto Rico. Pero una pregunta que ella me hiciera en esa conversación es la razón que me lleva a compartir con ustedes esta historia de mis días allí. Beatriz, ese era su nombre, me preguntó: "¿Y en Puerto Rico, hay indígenas?". Me detuve por varios segundos antes de que por mis labios saliera por inercia aquella contestación que había aprendido en mis estudios formales y que seguramente habría repetido, una y otra vez, también por inercia, en otros viajes desde hace años. En esos segundos, me transporté a una escena que viví en febrero pasado, en el jardín de la Escuela de Derecho de la Universidad de Puerto Rico. Allí estaba yo conversando placenteramente con Huana, Uahtibili, Yumac y Diosita. Esa noche

8

en particular Diosita me contaba sus historias y yo las disfrutaba intensamente. Entonces, en esos segundos en que Beatriz esperaba por mi respuesta, contemplé los rostros de estos amigos del Movimiento Indígena Jíbaro-Boricua, y entonces salió mi respuesta. "Sí", le dije. Era la primera vez en tiempo reciente que me hacían esa pregunta y la primera vez que contestaba en la afirmativa. No niego que tuve que pensarlo. La educación formal y la historia oficial nos condicionan las respuestas y las acciones, sin que seamos capaces de darnos cuenta de lo que decimos. Le conté a Beatriz sobre los últimos sucesos en Puerto Rico, sobre el tema de los indígenas, sus reclamos, los debates que he leído en los periódicos que se han suscitado y los últimos actos de manifestación por sus derechos en el Centro Ceremonial Indígena Caguana, en el pueblo de Utuado. Se mostró muy interesada y quedé muy satisfecha con la conversación. Allá en Bogotá, he puesto en práctica el conocimiento y el contacto con mis amigos del Movimiento Indígena Jíbaro-Boricua, y la sensibilidad que han despertado en mí con su sola presencia en las actividades que hemos hecho en la Escuela de Derecho. Pero la experiencia no acabaría.

La noche siguiente a la que llegué de ese mismo viaje de Bogotá, recibí una llamada de Huana. La conexión es increíble, pensé cuando contesté la llamada. Ella y Uahtibili me

9

invitaban a presentar su libro, ese del cual me habían hablado en el jardín de la Escuela, en esa misma conversación que evoqué desde Bogotá. Esta vez, sin pensarlo dos veces acepté. Quería ser parte del evento. Para mí es un honor. Y es que se trata de un evento que nos convoca en dimensiones distintas, quizás trascendentes, a las presentaciones tradicionales de libros. Es un evento donde quienes hablan no son las voces tradicionales, son voces silenciadas por discursos oficiales y tradicionalmente ausentes de debates públicos oficiales. Entonces, el evento de la publicación de este libro es en sí mismo ganancia, independientemente del libro mismo. El libro es para mí también otra ganancia en sí misma. Leer el libro y prepararme para su presentación me ubicaría en el lugar de la niña curiosa que busca aprender para sensibilizarse sobre algo que desconoce, pero que sabe que es importante. Esta noche comparto con ustedes estas dos dimensiones: aquella relativa a la aportación del libro como tal y aquella que concibo como una que trasciende su publicación para insertarse en dimensiones más amplias en nuestro país, como los debates sobre las identidades de nuestro pueblo, la concepción de democracia que fraguamos día a día y la inserción del debate del pluralismo y la diversidad en Puerto Rico.

Primero el libro. De narración amena y con ilustraciones excelentes, este libro, capaz de llamar la atención de grandes y chicos comienza por presentarnos a Doña Juana, de 91 años y a Don Edelmiro, de 70. A ellos se dedica el libro. Estos abuelos emigraron del campo a la ciudad por razones forzosas. Desde ya nos alerta el libro sobre la pertinencia de la historia que se narra. Hay una gente con una historia, pero en el libro se reclama una historia distinta a la que tradicionalmente hemos escuchado. De antemano el libro también nos presenta las interrogantes que veremos. Se trata de un asunto de identidad. ¿Quiénes somos?, ¿De dónde venimos? ¿Cuáles son nuestras raíces? Más adelante las respuestas buscan rescatar una identidad particular, aquella del pueblo de *Bohlikin*, tierra del *señor valiente* o la tierra que escudriña al sol primero, aquella identidad del pueblo Chib'al'o o jíbaro. Una identidad se reclama en este libro, y más que eso, el derecho a decidir y a optar por ella. Se contrapone esta identidad con la que, según los autores, les ha sido impuesta por el Estado. En el libro se ofrecen datos que cuestionan la imposición de una identidad distinta a la del pueblo jíbaro o chibalo- boricua. Resumiré algunos de los elementos presentados en el libro que cuestionan aquella historia oficial. Valga decir que la que aquí se narra, tiene gran valor, porque se nutre, además, de voces

11

cotidianas de la historia oral, como las voces de Doña Gela y de Doña Juana.

Sobre la historia
Muchos elementos de la historia oficial se cuestionan, como por ejemplo, la batalla producto de la guerra o *katey*, de 1511 dada por el *Agueybaná* el joven en el *Grito de Coayuko* y que le dio la victoria al pueblo de Borikén. Esa fecha, según se recoge en el libro, sería de gran importancia y lejos de significar el exterminio del pueblo indígena como se ha señalado en la historia oficial, marca la prosperidad para el pueblo, al menos hasta 1812.

Sobre el Gobierno
En cuanto al gobierno, se recoge la importancia de la división de *Bohlikin* en cuatro regiones principales, dirigidas por cuatro líderes principales que personificaban a los cuatro gemelos divinos y a dioses cósmicos. Estos serían, *Agueybaná* o el *Gran Can*, *Guarionex*, *Caguax* y el cuarto gemelo, *Babayman*, de la dinastía bab. Este gobierno, representaría a las Antillas del pueblo Canchibalo o jíbaro.

Sobre el Lenguaje
El tema del lenguaje es de importancia protagónica en el libro. Los autores dan muestra de cómo muchos de los vocablos que, según señalan se toman como que provienen

del castellano o de origen africano, realmente son producto de la cultura jíbaro indígena. Ejemplos sobran, como la *cota*, *mizu*, *jalda*, el *cangri*, o más moderno, el cangri-man y los cangrejeros, la muda de ropa, los soluma y no nos olvidemos de *lalesh*, o Lares, de donde salen los manantiales y donde la gente dice "di lechi di poti", legado de la lengua indígena nativa. Como dato señalan que fue a fines del siglo 19 cuando se les suprime su lengua nativa.

Sobre Cultura
Los elementos culturales también se ilustran muy bien, tanto en texto como en las ilustraciones. Así, se narra cómo muchas de las tradiciones que se confunden con el catolicismo, como la adoración a la Virgen del Rosario, en realidad es una adoración a *Atabey* (Madre Tierra), era una forma de resistencia de los indígenas para mantener sus tradiciones. La vestimenta, prohibida en 1900 según el libro, los cuentos de *Xuan bobat*, o mejor conocido para nosotros como Juan Bobo, el culto a los tres gemelos divinos y la mitología nativa.

El texto que hoy se celebra, refrescante y a la vez, intenso, tiene el potencial de reflexión que evoca hechos, rasgos, historias y subjetividades que merecen ser atendidas, escuchadas, conversadas e incluidas en nuestros procesos de pueblo. Se trata de una historia alterna. Mirémosla con atención. Durante todo el texto, las referencias a estos asuntos tienen la implicación de emplazarnos de dos formas: (1) hay una historia oficial que no ha sido explorada lo suficientemente en Puerto Rico, de manera irresponsable, no atendemos los cuestionamientos a esta historia; y (2) tenemos derecho a dar a conocer esa historia alternativa, y a mantener nuestras identidades y las prácticas distintas a aquellas impuestas de manera violenta a través de la historia, cosa que han tenido que enfrentar, muchas veces por razones de desplazamientos involuntarios.

Eso nos lleva al segundo aspecto del libro. El valor del libro, más allá de cualquier asunto, es ese emplazamiento que nos hace. En el reclamo que se nos hace a todos y a todas de concebir espacio para replantearnos la posibilidad de otras subjetividades en el Puerto Rico de hoy. La posibilidad de que en nuestros debates se incluya el tema de que en Puerto Rico existe pluralidad y diversidad, y debemos respetarla. Que ese ciudadano diverso debe ser capaz de concebir sus identidades y tiene derecho a ellas. Muchas veces los antropólogos debaten y despachan el asunto que aquí se plantea, y se trae en este libro, con planteamientos que esbozan que la categoría indígena no es posible en Puerto

Rico, a partir de un discurso identitario esencialista excluyente, y que pretende ser neutro sobre *lo que se es* o sobre *lo que no se es.* La presentación de este libro y este evento nos lanza un gran reto a esa forma de ver las cosas. Atender con sensibilidad estos planteamientos, estas historias, con la alegría que sentí cuando me hizo total sentido la frase de "la muda de ropa", que tantas veces he escuchado de mi mamá, o "la cotita de bebé". Doña Juana, Doña Gela, Diosita y muchos otros son testimonio vivo de lo que parece ser la apertura en el país a concebir otras historias. Otras historias como estas historias recogidas en el "Puerto Rico: la gran mentira", son testimonio de esa apertura, de otros caminos, de una sociedad más abierta a las diferencias, a la pluralidad y a la diversidad y a concebirse de otras formas.

Por mi parte, les doy las gracias por enseñarme a dar respuestas en Bogotá, y en otros sitios. Y gracias por sensibilizarme a estar atenta a otras realidades. Los felicito. ****

ÉRIKA FONTÁNEZ TORRES, LIC. EN DERECHO Y CATEDRÁTICA DE LA FAC. DE DERECI IO, UNIV. DE PUERTO RICO, RIO PIEDRAS.

INTRODUCCIÓN

Todo comenzó con una gran pregunta:
¿Quiénes somos en verdad?

Lo que nos llevó a asumir la responsabilidad, como primer paso de investigar, descubrir, analizar y contestarnos muchas interrogantes sobre nuestra realidad como pueblo. Si es que queremos hacer una aportación verdadera a la lucha centenaria de nuestra gente.

Las Interrogantes;

1- ¿Quiénes somos?
2- ¿Cuál es nuestra verdadera historia?
3- ¿Cuáles son nuestras raíces?
4- ¿De dónde venimos?
5- ¿Cuál es nuestra idiosincrasia?

La versión del Estado versus la realidad objetiva:

1-¿En verdad fueron extinguidos los nativos de este país?
2- ¿En verdad somos una mezcla de tres razas?
3- ¿Somos un pueblo mulato?
4- ¿Los nativos de Borikén en verdad venimos del Amazonas?
5- ¿Somos tainos, arahuacos del Orinoco?

16

6- ¿Existen estudios verdaderamente científicos y serios de antropología, etimológicos o del lenguaje, arqueológicos, sociológicos, del campo oral, y de las crónicas españolas, como las de Pané, de las Casas, del Diario de Colón, que no sustentan la versión del Estado?

Después de estas preguntas. Nos dimos a la tarea de investigar y esto fue lo que encontramos.

Esta historia comienza a finales de la década del 1960 en un batey de una comunidad del pueblo tzeltal (Pueblo del Lagarto), en el estado de Chiapas en Méjico. Un joven jibarito boricua del pueblo de Lares se encontraba entre la gente de la comunidad escuchando a un abuelo. Como era la tradición ancestral trasmitía conocimientos mitológicos e históricos a su pueblo. Oki que es como se llama este jíbaro Laredo que había llegado a esta comunidad hacia varios años. Después de haber pasado por una iniciación de pruebas y ritos como requiere el pueblo tzeltal, se ganó el derecho de participar de una noche de transmisión oral de los cuentos del camino.

Oki, Oscar Lamourt Valentín, nació en el pueblo de Lares. A la edad de un año fue llevado por sus padres a la ciudad de Nueva York, como consecuencia de la campaña de migración forzosa que estableció el gobernador Luis Muños Marín en las décadas del 40 y el 50. Oki fue criado por sus padres en Brooklyn, Nueva York, pero siguiendo

17

las costumbres, tradiciones y valores del pueblo Boricua. La situación económica tan difícil le obligó a enlistarse en el ejército de los Estados Unidos. Era la época de la guerra de Vietnam. Un tiempo después, desertó porque no estaba de acuerdo con matar personas, mucho menos, a gente que no le había hecho nada. Pidió asilo al gobierno mejicano y se fue a vivir a Chiapas. Fue entonces, que se le da la oportunidad de vivir con la comunidad tzeltal. Aprende su lengua y comparte con ellos.

Una noche, durante la celebración de transmisión oral de cuentos, marcó a Oki para toda la vida. Una abuela tzeltal habló de cuentos, historias y mitos que él había escuchado desde pequeño, pero de la voz de su mai y de sus familiares en su pueblo natal en Lares. Esto le provocó muchas preguntas a la abuela y a otros líderes de la comunidad. Les dijo de adonde él venía y ellos se pusieron bien contentos. Lo acogieron con más cariño y le dijeron que ellos sabían de su tierra y de su gente, desde tiempo ancestrales. Que Boriquén se conocía como "la tierra por donde sale el sol", en donde comenzó la vida. Que él era del "pueblo del sol". Ellos le dijeron que conocían y tenían en gran estimación a un compositor, el jibarito Rafael Hernández. Después de esto, Oki comenzó a hacer investigaciones sobre los pueblos Maya, los Tzeltales, Lacandones, Yucatetecos, Quiché y otros. Aprendió otras lenguas como el francés, además de la tzeltal y el maya yucateco. Consiguió libros y diccionarios del tema mayense.

Oki regresó a los Estados Unidos (E.U.), y llenó de preguntas a su mai sobre los cuentos y tradiciones del pueblo jíbaro de Lares. Los comparó con lo aprendido de los tzeltales. Y se dio cuenta que, aunque con alguna que otra variación, eran similares. Oki se entregó a la justicia de los E. U. y cumplió 2 años de cárcel por desertar del ejército. Al salir regresó a su tierra natal, Lares. Comenzó estudios universitarios, tanto en Boriquén, como en otros centros de estudio de E. U. Estudió historia, antropología, lenguas, etnología, etimología, metodología sobre investigaciones de campo y tradición oral. Trabajó con muchos investigadores, arqueólogos, sociólogos y otros, y para universidades. Trabajó con el profesor Pedro Escabi de la Universidad de Puerto Rico, para el Museo Smithsonian de Nueva York, para la Liga Socialista y con el Señor Juan Antonio Corretjer, con quien estableció una gran amistad hasta su muerte. Oki comenzó estudios e investigaciones en todas las áreas de la cultura indígena jíbaro boricua, concentrándose en estudios de campo de la tradición oral de Lares y de muchos otros pueblos boricuas. También, estudió y analizó a los cronistas españoles, pero desde una perspectiva jíbaro nativa. Analizó los escritos de Fernández de Oviedo, de las Casas, y en especial a Pané y el diario de navegación de Cristóbal Colón. Y he aquí lo que encontró.

19

Boh'li'Kin es el nombre original dado por nuestros ancestros a nuestra Isla y es voz nativa que significa "la que escudriña el Sol primero". También era conocida como Can'i'ba y la tierra de Xuan Bob'at, "El Lagarto Divino".

Hoy día se le llama Borikén o Borinquen, una transliteración del vocablo original Boh'li'kin. Y se define por algunos como **"la tierra del Señor Valiente"**. Pero no es una definición realmente, sino una expresión. Se refiere al líder máximo en el Caribe, Ah'uaay'ban'a (Agüeybana), al que llamaban en el mundo, "el Gran Can", por la astucia y el valor demostrado por éste y su gente en la defensa contra los enemigos invasores.

Nuestra isla era la cabeza o isla principal del conglomerado de islas que comprenden el área desde Isla Margarita hasta la Península de la Florida, en lo que hoy se conoce como las **Antillas**. Al igual que toda el área antillana fue, y todavía hoy es, habitada por aborígenes de la etnia Can'Chib'al'o, con una cultura y sistema de creencias que caracterizan una historiografía Maya.

¿Etnia?

Según el Diccionario Esencial de la Real Academia Española;

Etnia= Comunidad humana definida por afinidades raciales, lingüísticas y culturales.

¿ Y Can'Chib'al'o?

¿CAN?

Esta voz Can'Chib'al'o significa casta, linaje o descendencia directa por vía del varón, el primer ancestro, el lagarto marino, **Tem'i'ban Caracaracol**, personaje místico del que se habla en la tradición oral nativa. También se refiere a los que pertenecen al clan del lagarto. El Batey principal del Centro Ceremonial Indígena de Caguana, en Utuado, está construido en honor a este lagarto.

Batey Ah'uaay'Ban'a (Agüeybana) o "Señor del Aposento del Lagarto", Centro Ceremonial Indígena Caguana, Utuado.

Otra voces usadas para referirse a nuestra gente son: **Canibaro**, **Caribe** y **Jíbaro**. Éstas son transliteraciones del vocablo original **Can'chib'al'o** o **Can'xib'al'o**.

La sílaba **Can** significa culebra, y se refiere a cualquier reptil, en específico, a nuestro primer ancestro, Temiban, el lagarto marino salido de las aguas que muda como las culebras. Su expresión en la naturaleza es el Sol y su energía de-fragmentada en los 7 colores del arcoiris. Como parte de la tradición oral, en los campos de la Isla todavía se narra que el arcoiris bebe agua del río. Esta creencia habla del momento en que el espíritu de Temiban, en su forma de arcoiris, baja a beber agua del río.

24

Al igual que Temiban, creemos que mudamos de cuerpo, la vestimenta del espíritu, de la energía de cada ser. Y que estas mudas son **7 reencarnaciones** del espíritu.

7 mudas

COTA

COTONA

Nuestra vestimenta o "muda" se componía de una túnica que llamamos **cotona**, cota o cotita, que nos cubría del cuello a los tobillos. Que cambiábamos cuando era necesario, así como las culebras cuando mudan o votan la piel completa.

De ahí las expresiones que usamos los boricuas: **"muda de ropa"**, **"hay que sudar la cota"** y **"ponle la cotita al nene"**. Los Maya Lancandones usan una igual que ellos llaman xicul y los Andinos, cusma.

Las **cotonas** eran de dos colores básicos: la de la mujer, amarilla y la del hombre azul, que al unirse producen el color verde que representa a nuestra Madre Tierra AH'TAH'PEDZ (Atabey). Era hecha de tela de coton (algodón) y pintada con semillas de la planta de añil que crece en las quebradas y producen el azul, y con la de jengibrillo que produce el amarillo.

guayuco
(TAPARRABO)

El **guayuco**, llamado también incorrectamente taparrabo, lo usábamos como ropa interior debajo de la cotona.

26

¿**Caniba**, **Caribe** y **Jíbaro** vienen del vocablo indígena **Can'Chib'al'o**?

Sí. De **Can'Chib'al'o**, también surge el vocablo **caníbal**, mal usado por los europeos, ya que ellos decían que los indígenas del Caribe éramos muy hostiles y comíamos gente. Esta creencia surge de una mala interpretación de Cristóbal Colón, y fue usada como excusa para hacerle daño a nuestra gente.

Cuando Colón, le preguntó a la gente de la Isla de Haití-Quisqueya (La Española) sobre la gente de nuestra Isla, éstos se mordisquearon los brazos. Intentaban comunicarle con señas que éramos del clan **Can'Chib'al'o**, del "lagarto que muerde". Pero, Él pensó que comíamos gente. ¡Eso si que no!

27

Muy bien sabemos los que nos hemos criado en los barrios y caseríos, el juego de los niños de atrapar lagartijos y ver como mordisquen sus orejas. Eso es lo que hacen los lagartos cuando son atrapados, **"muerden y no sueltan hasta que truena el rayo"** (Yok'a'hu). Esta es una característica de los boricuas, el ser valientes guerreros.

¿Chibalo? ¡Ahhh! ¡El que **"da chiba"**, es como el lagarto que muerde y no suelta! ¡Ja!

Y somos astutos, como las **nikuas** (niguas). Para aquellos que no saben, las niguas eran insectos parasíticos, muy conocidos en los campos de la Isla, que se metían debajo de las uñas de los pies de la gente y era bien difícil sacarlas de ahí.

De aquí, las expresiones boricuas que todavía hoy usamos, **"estoy que me lo como vivo"** y **"éste es un nigua"**. Más es solo una expresión, aunque sí nos defendíamos con fiereza contra aquellos que nos querían quitar nuestras tierras y modo de vida, para que les sirviéramos a sus deseos de riqueza.

Por nuestra fiereza y tácticas de defensa, nuestro líder máximo, el **Gran Can, Ah'uaay'ban'a**, era conocido como el monarca más poderoso de la tierra. Este dato aparece en **Crónicas europeas** y citado en el **Boletín de la Academia Puertorriqueña de la Historia**, mas no es algo que los boricuas de hoy saben.

29

Pero sí se les habla y se les enseña del invasor. Y como si fuera algo de lo que debamos estar orgullosos, se habla de Cristóbal Colón, el "descubridor de América" y de "Puerto Rico". Más, éste conocido personaje fue el asesino de muchos de nuestros niños nativos.

¡Estoy que me lo como vivo!

CULTURA   El Nuevo Día
23 DE JULIO DE 2006

El rostro oculto de Colón
Un texto hallado en Simancas prueba la crueldad del Almirante Colón en América.

Según él mismo comenta en su diario de Navegación, Colón les daba a comer carne de niños nativos a sus perros, porque los hacía engordar más. Y a otros los mandaba a sacar del vientre de nuestras mujeres para acabar con nuestra descendencia.

30

Este asesino no fue el que descubrió a América, ni a Boh'li'kin, porque nuestra gente, los jíbaros, los boricuas, llevamos viviendo aquí por miles y miles de años. Y aún en Occidente se sabía de nosotros. Escritos antiguos hablan de que aún con los egipcios habíamos tenido contacto, mucho antes de la llegada de los invasores europeos.

Desde hace miles de años, el pueblo **Chib'al'o** (jíbaro) era una civilización bien organizada que componía un imperio en todo el Caribe. Luego de la llegada de los intrusos europeos, la voz **Boh'li'kin** se fue deformando a **Borikén** o **Borinquen**.

A los habitantes de Borikén se les conoce como **Boricuas**, que significa **Hijo del Sol**, pero entre nosotros nos decimos jíbaros.

El **gobierno** de Boh'li'Kin estaba constituido por una dinastía y basado en sus creencias místicos-espirituales. Usábamos metáforas y simbología en nuestros areytos, petroglifos y otros. En reuniones o ceremonias llamadas areytos **(Al'Ay'Tol)** transmitíamos nuestras creencias espirituales, nuestra historia y se explicaban eventos de la naturaleza a través de poesías o cánticos.

Al'Ay'Tol es tomar consejo todos juntos en fila y en orden. Esta no es una fiesta cualquiera, si no que es una ceremonia, un mandamiento.

Hoy día podemos observar la tradición del areyto en los bailes y cantos de la plena. Y todavía hoy, en el siglo 21, escuchamos personas de 40 años o más, recordando los tiempos de su infancia cuando sus abuelitos los sentaban en el **batey** a contarle cuentos de la familia, los Cuentos del Camino (Can' Hau' Can' Ta).

Bat'ey= recinto usado para ceremonias, reuniones o celebraciones del pueblo.

33

El cuento del inriri o carpintero nativo, quien con su pico hace un agujero en el cuerpo de la mujer creando así la vulva y conducto vaginal, es una metáfora usada para enseñar a nuestros niños durante los areytos celebrados en el batey. Aquellos que no conocían nuestra forma de vida podrían pensar que éramos seres ignorantes.

Pero la metáfora utilizada en este cuento es una que, no solo explica la creación y la fecundación de la mujer, sino que muestra la homología existente entre ésta y los árboles que nos dan fruto. El inriri en este caso representa al hombre que deposita su semilla en la mujer de la que luego nacen las crías, así como salen las crías del agujero que éste hizo en el árbol.

Hay símbolos escritos, como **pictografías** y **petroglifos**, que muestran los conocimientos que teníamos sobre la fecundación. Hay uno cuya forma asemeja la de las Trompas de Falopio donde se deposita el huevo que el espermatozoide fecundará.

Como ven sabíamos de ciencia, mucho más de lo que los invasores imaginaban. Nuestras historias o Cuentos de Camino y nuestras creencias albergaban sabiduría y conocimiento.

pictogragía= símbolo pintado.
petroglifo=símbolo labrado sobre piedra.

35

Nuestra forma de vida tenía como base fundamental las **creencias espirituales**. Creíamos en un Dios principal creador, YAYA.

Y en otros dioses menores creados por YAYA: los dioses cósmicos como KIN - el Sol, AH'TAH'PEDZ (también conocida como Atabey) –la Madre Tierra, MAL'O'U' (o Maroya) –la Luna, y las estrellas Sirius, la Polar, Venus, y las tres estrellas en línea del centurión de Orión, y en las manifestaciones del trueno o rayo, al que llamamos Yok'a'hu (Dios del trueno), una manifestación de KIN, nuestro Padre Sol.

Temiban Caracaracol, el primer ancestro, el hombre lagarto, sus **tres hermanos gemelos divinos**, y la primera mujer **Caguana** son deidades con rasgos humanos. Temiban representa la energía del Sol y del fuego. Los 3 gemelos divinos representan el aire, el agua y la tierra.

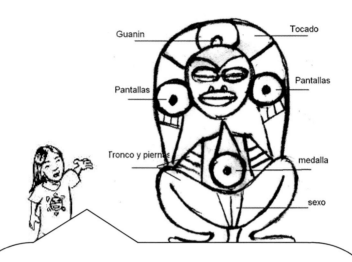

El grabado de Caguana habla de eventos relacionados a la Mitología Chib'al'o de la Creación. Su nombre es parecido al nombre dado a una de las tortugas del Caribe, la *Caguama.* Y es que Caguana, o mejor dicho **CA'U'A'NA'** significa **"mujer o madre tortuga"**. Ella representa a nuestra Isla de BOH'LI'KIN. Y esta es su simbología:

*Tocado: es la serpiente de 7 cabezas y 7 colores. El arcoiris. La energía del padre KIN (Sol) en Temiban Caracaracol, de cuyo lomo emerge Caguana.

*Guanín: el tercer ojo, receptor de esa energía.

*Pantallas: KIN-el Sol y MAL'O'U-la Luna.

*Tronco y piernas: Cemí. Isla de BOH'LI'KIN que emerge del agua y cuyas cuevas son el vientre de la Madre Tierra.

*Medalla: Planeta o Madre Tierra.

*Sexo: Cueva de donde salimos o surgieron los primeros Chib'al'o (Jíbaro)-BORICUAS.

El pueblo jíbaro, al igual que otros pueblos hermanos de Centroamérica, creían, y muchos todavía creen, en una **serpiente emplumada** de **colores** (Tem'i'ban' Caracaracol, Itzamnah, Quetzalcoel, Kukulcan o Gucumatz). En Boh'li'KIN (Boriquén) se dice que tiene 7 cabezas y 7 colores. Y su expresión en la naturaleza es el **arco iris**. Es una manifestación de nuestro Padre Celestial KIN, el Sol.

Para nuestro pueblo, esta historia de la serpiente de 7 cabezas comenzó hace miles de años, en las cuevas y montañas de **Lal'esh**, que significa **"donde nacen los manantiales"** y que hoy se conoce como el pueblo de Lares. Por ello se conoce a **Lares** como "el altar de la patria".

En la tradición oral de las montañas de Lares y de todo el centro de la isla, todavía se habla y visita la montaña de donde salió nuestro primero ancestro, Temiban. Todavía los abuelos y abuelas hablan de la serpiente emplumada de siete cabezas. Ese es el caso de Doña Gela quien nos habla de las sierpes, de culebras que echan chambones o que caminan paradas.

Doña Evangelista "Gela"
Ramos Jiménez, 77 años
Bo. Puertos, Camuy

También cuentan de apariciones de un animal de cola muy larga, que trepa un árbol y lo rodea creando un remolino. O que repentinamente ven transformado en árbol. Éste es la expresión mística de **Temiban** "el hombre lagarto", de **Xuan Bob'at** "el sabio lagarto del árbol".

40

Según la **mitología indígena jíbaro** boricua de la **creación**, el cosmos fue creado por Yaya, el Dios Creador. El creó los astros: KIN-el Sol, MAL'O'U-la Luna, AH'TAH'PEDZ -la Madre Tierra y todo el universo.

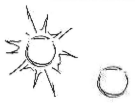

Al principio la tierra estaba cubierta toda por agua, el mar. Después con los rayos de energía del sol y la fuerza de atracción de la luna emerge la tierra. Esto sucede en el Caribe. La primera isla en surgir a la superficie es nuestra isla Boh'li·kin (Borikén) o Ishtiba Cahubaba, la gran tortuga madre, la Madre Tierra AH'TAH'PEDZ.

Así surgen las montañas y se crean los valles, los ríos, los lagos. El sol fecundó la tierra con rayos y energías de-fragmentadas en los siete colores del arcoiris, conocidos como la serpiente de 7 colores y 7 cabezas. De esta manera se creó la vida en la tierra: el reino vegetal y el reino animal.

La primera montaña, **Casibijagua**, surge en Lares, "el altar de la patria" (Temi= este altar; ban =patria). Es la **montaña del Cemí**, cercana al Centro Ceremonial Indígena, en el Barrio Caguana, de Utuado. En tiempos ancestrales esta región pertenecía a Lares.

Allí una semilla salida de la flor del árbol de la vida, la ceiba, había sido creada por Yaya y los otros dioses (la tierra, la luna y el sol), después de celebrar consejo. De este semilla nace el primer ser, un hombre lagarto, Tem'i'ban Caracaracol, cuyo nombre también se traduce a "Yo soy el lagarto de mar". Es el mayor y principal de 4 hermanos, gemelos divinos, nacidos de la Diosa tortuga Ishtiba Cahubaba, la Madre Tierra.

En Lares también surge la montaña **La Torrecilla**, en el Barrio la Torre. Se conoce por ser el **eje del mundo**. Y por haberse visto allí la serpiente de las 7 cabezas.

Según la tradición oral, Tem'i'ban come de las semillas de un árbol llamado cojoba. Estas semillas crecen como un chichón, jiba o joroba dentro de su espalda. Los hermanos gemelos de Tem'i'ban le abren el chichón con hachas de piedras de rayo (con energía del dios Yok'a'hu) y le sacan una mujer tortuga, **Caguana**, cuyo petroglifo vemos hoy en el Batey principal del Centro Ceremonial Indígena Caguana en el pueblo de Utuado. Esta procrea hijos con los 4 hermanos gemelos, surgiendo así el pueblo jíbaro boricua.

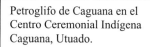

Petroglifo de Caguana en el Centro Ceremonial Indígena Caguana, Utuado.

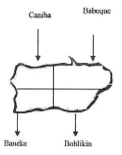

Canîba   Baboque

Baneke   Bohlikin

El país de Boh'li'kin estaba dividido en cuatro regiones principales. El gobierno del pueblo jíbaro se componía de 4 castas principales. Y los 4 líderes principales personificaban a los 4 gemelos divinos y a dioses cósmicos. Había una relación entre la organización del gobierno nativo y la tradición oral y de creencias místico-espirituales.

Ah'uaay'Ban'a, nombre y título del primero y principal cacique de todo el pueblo jíbaro, era de la dinastía Ban, de la región Baneque, al suroeste de Borikén. Ah'uaay'Ban'a, llamado por muchos, **el Gran Can**, era la representación en la tierra del ancestro Tem'i'ban Caracaracol.

45

Uali'on'ex (Guarionex), nombre y título del representante del segundo gemelo, de la dinastía Iba de la región Can'iba, al noroeste de Borikén. **Ca'u'ax** (Caguas), nombre y título del tercer gemelo de la dinastía U'ax de la región de Boh'li'kin, al sureste de Borikén, y por donde se reciben los primeros rayos de sol. **Bab'ay'man**, nombre y título del cuarto gemelo, de la dinastía Bab, de la región de Babeque, al noreste de Borikén. Este gobierno representaba a todo el conglomerado de islas del pueblo jíbaro de las Antillas.

¡Ah! De Guarionex surge lo de **guari** o **guares** para referirse a los gemelos.

Los cuatro caciques representaban **4 símbolos místicos** (4 animales terrestres o acuáticos) y **4 símbolos cósmicos** (estrellas) en el cielo.

Ah'uaay'Ban'a representaba al lagarto marino Tem'i'ban, y a Sirius, la estrella polar de la constelación del centurión de Orión. Uali'on'ex representaba la jaiba o Burukena. En el Barrio Palmar Llano de Lares vive la familia Hernández, que se conocen como el clan de los Burukenos. Ca'u'ax a la tortuga. Bab'ay'man representaba al cuarto gemelo, Can'Ejero, y a su símbolo el cangrejo.

¿Can-ejero? ¡Ah! Por eso a la gente del noreste del país se le conoce como **cangrejeros**, especialmente a los de Santurce.

Los últimos tres caciques representaban a los **3 hermanos gemelos** de Tem'i'ban, los **3 Can'es**: Can'Flor, Can'Cuerno, Can'Ejero.

Sus espíritus moran hoy en las Tres **estrellas** de la constelación del centurión de Orión, que se observan alineadas en el cielo caribeño, desde el equinoccio de otoño en septiembre hasta el solsticio de primavera en marzo Hoy las conocemos como los **Tres Reyes Magos**. Y aparecen labradas en cemíes, como el llamado Cemí del Navegante.

Los indígenas jíbaros eran atrevidos navegantes, grandes mercaderes y guerreros. Tenían una gran fuerza naval compuesta por rápidos kayukos, canoas, piraguas y catamaranes.

La **comunidad indígena** estaba bien organizada. Cada responsabilidad era importante. Los títulos eran de responsabilidad y no para privilegios. Se heredaban por la línea materna ya que el vientre no miente.

Tanto los hombres como las mujeres iban a la **guerra** la cual nombraban ellos, **katey**, voz que usamos todavía las madres para referirnos a los nenes que dan problema. Los guerreros eran conocidos comos los **nabolias**, voz nativa que significa "ungidos para la guerra".

El pueblo indígena jíbaro creía y todavía muchos creen en la **reencarnación** del espíritu. Creemos que como la serpiente de **7** cabezas, reencarnamos **7** veces.

Nuestro pueblo tenía y todavía tiene **guías espirituales, curanderos** o **Bohitihu** ("el que escudriña con dios") para comunicarse con los dioses y guiar a los espíritus.

Hoy les llamamos **Espiritistas**.

Diosita, Espiritista del Barrio Tanamá,

El **alimento principal** era la **Yuca** y era **sagrada** porque nos fue dada por nuestros dioses el Sol, la Luna y la Madre Tierra. Hay un cuento de la tradición oral, que todavía hoy se cuenta, que habla de cuando Dios decidió crear la gente de las plantas. En este caso la yuca es la planta sagrada de la que surgimos. Hay petroglifos que muestran esta creencia.

Pictografía hallada en cueva de Quisqueya (Santo Domingo). El colibrí recoge la semilla de una flor. Esta es plantada en un hoyo y de ella surge una criatura humana.

Y como dice la expresión;
" ¡uno es lo que come! ".

Y era precisamente la yuca el alimento principal de nuestra gente. Por ser además, un alimento con gran capacidad de preservación. De ella se hacía el **cah'zac'pet** (**casabe**),"pan redondo y blanco", que era almacenado en grandes bohíos y luego repartido entre la gente.

Nuestra gente eran excelentes agricultores y excelentes pescadores.

Eran grandes astrónomos y teníamos observatorios por todo el territorio boricua. Éramos agrónomos e ingenieros. Usando estos conocimientos pudimos construir un **calendario solar** que se halla todavía en el Centro Ceremonial Indígena de Caguana, y que antecede al calendario solar de los demás pueblos mayas. Esto se evidencia en la simplicidad de su estructura arquitectónica y sus petroglifos.

Hoy día nuestros boricuas siguen resaltando como **grandes científicos** e **ingenieros** entre tantos otros pueblos del mundo. De ahí que muchos egresados de nuestras universidades son buscados para trabajar en lugares como en la NASA.

Teníamos grandes conocimientos sobre botánica y medicina. La que usaban nuestras curanderas o Bohitihu para sanar a nuestra gente. Todavía hoy, muchas de nuestras abuelas y abuelos jíbaros conocen y utilizan las plantas como remedios naturales para diversas enfermedades, a pesar de la gran campaña para eliminar la medicina nativa natural y enfocarla en una comercial.

Nuestro pueblo era bien unido, cariñoso, jovial, alegre y vivía en armonía con la naturaleza.

Hasta que llegaron los intrusos invasores europeos, y posteriormente los ingleses americanos. Las planas de los periódicos nacionales todavía muestran las consecuencias y los rezagos de una colonización cruel y mercenaria. Y los abuelitos hablan con añoro del tiempo "di anti", y critican los tiempo de ahora.

Cuando llegaron los intrusos europeos en el **1493**, el pueblo Chib'al'o (jíbaro) Boricua era una civilización bien organizada, con una dinastía como Gobierno. La Isla estaba dividida en 4 regiones principales: Baneque en el Suroeste, Can'i'ba en el Noroeste, Boh'li'kin en el Sureste y Babeque en el Noreste. Los caciques principales eran: Ah'uaay'ban'a, Ualionex, Ca'uax y Bab'Ay'man.

Habían otros caciques importantes: Urayoan, a cargo de los nabolias "guerreros", y Yum'ac "gran padre-tortuga", a cargo de la Armada Naval. Los poblados y los centros de mando más importante estaban en las costas, excepto Lal'esh "el Altar de la Patria", el eje del mundo donde comenzó la estirpe Jíbara.

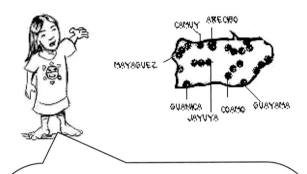

Son muchos los **pueblos** con **nombres indígenas** que se conocen hoy y que ya estaban establecidos hace miles de años: Uah'an'i'ca ("Guanica"), Al'a'xib'ol ("Arecibo"), Ha'yu'ya ("Jayuya"), Cam'uy (Camuy), Mach'a'uex (Mayagüez"), entre otros. Algunos todavía guardan en los estribillos con los que se les conocen, el significado del vocablo nativo, como en **"Guayama"**, que se conoce como la "Ciudad de los Brujos". Y es que precisamente el vocablo original, **Uaay'am'a**, significa "éste el brujo". En este poblado habitaban muchas de las familias de Bohitihu o médicos brujos. Otro pueblo es **Coamo**, conocido por sus baños termales. El vocablo nativo es **Co'a'moh**, y significa "este lugar o corteza con fuego debajo".

El **Cacique principal** de Borikén y de todo el Caribe, Ah'uay'ban'a era un **viejito** que vivía en Uah'i'nia poblado principal o capital de Borikén.

Nuestra gente eran grandes productores de tela de algodón, de piezas de oro, embarcaciones y productos agrícolas, que intercambiaban con las islas vecinas, con Centro y Suramérica.

Antes de la llegada de los españoles, ya habían venido por muchos años gente del otro lado del mundo. Tuvimos contacto aún con los egipcios.

Los europeos españoles <u>no</u> vinieron como <u>conquistadores</u> como se nos ha dicho. Llegaron atraídos por lo que se decía de las tierras americanas. Vinieron como empresarios y comerciantes.

Ah'uay'ban'a los recibió con cortesía y estableció relaciones comerciales con ellos. Primero les permitió que establecieran **enclaves** o **centros de comercio** en la región del Higuey en Kis'kay'a ("Quisqueya"), área que respondía a la influencia de la dinastía de los Ban en Borikén. Ellos establecieron allí, lo que después se conoció, como el Fuerte Navidad.

Posteriormente, demostraron que eran como el yagrumo, de dos caras, y empezaron a violar los acuerdos que habían hecho con el gran Can, como se le conocía a Ah'uaay'ban'a. Esto provoco una guerra. **Caonabon** –Nabolia- al mando de los guerreros del cacique Haiti Mayobanez atacó, destruyó y expulsó a los españoles de dicho fuerte.

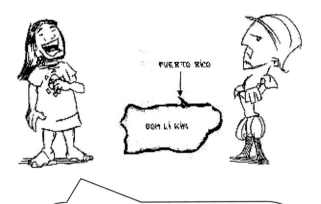

En Boriken se les permitió establecer dos **enclaves** a los **españoles**: uno en la región de Baneque, al cual ellos llamaron la partida de San Germán, y otro en la Bahía de Bab'ay'man, al cual llamaron Caparra. Se envió a Juan Ponce De León al lugar que llamó Caparra, por ser este un sitio pantanoso, lleno de insectos y animales peligrosos. Este era atacado constantemente por los nativos o sea que Juan Ponce De León fue cojido de P... por Ah'uay'ban'a. Y decidió mudar el enclave para la isleta de la Bahía de Bayamón. A la que llamó Puerto Rico.

Un instrumento que utilizaban los caciques para mantener y acrecentar su poder e influencia era la practica del **uah'i'tiao** ("**guaitiao**"), por el cual se intercambiaban nombres y poderes. Esta práctica se hizo con los enviados y adelantados de los reyes de España, con Cristóbal Colon, Juan Ponce De León y Cristóbal Sotomayor.

A la llegada de los españoles a las América, el Imperio Español estaba compuesto por dos Reinos: el de la reina Isabel de Castilla y el del rey Fernando de Aragón. En Boriquén, Juan Ponce De León representaba a Cristóbal Colon y a la reina Isabel de Castilla. Mientras, Cristóbal Sotomayor representaba al rey Fernando de Aragón. Entendiendo el cacique Ah'uaay'Ban'a el proceso de la honorabilidad de la Aristocracia del Virreinato de España, decide hacer uah'i'tiao con Ponce de León para así tener poder en el reino de Isabel.

El virreinato reconoció el gobierno de la dinastía de Ah'uaay'Ban'a, y por varios años mantuvieron relaciones comerciales.

Reyes de España

A **principio del siglo 16**, muere la cacica esposa de Ah'uaay'Ban'a, quien era la verdadera heredera del título. El cacique al no tener hijos cede el título al hijo mayor de la hermana de la cacica, o sea a su sobrino. Después del retiro de éste, los españoles del Reino de Castilla empiezan a violar los acuerdos. Invaden poblados, secuestran y violan a nuestras mujeres y expanden sus enclaves.

El nuevo cacique **Ah'uaay'Ban'a**, un **joven** nabolia "guerrero", astuto y brillante estratega, planifica y organiza una estrategia para expulsar a los intrusos españoles.

¡BIMINI!

Ante las noticias de invasiones europeas en islas cercanas y la amenaza de una posible invasión a Boriken, Ah'uaay'Ban'a "el joven" decide renegociar nuevos acuerdos y se enfrenta a Juan Ponce de León. Le dice – "Oye tu **Soluma, Bimini**"– que es voz nativa y significa "extranjero, vallase de aquí", rompiendo las relaciones con el Reino de Castilla.

Decide estrechar las relaciones con el reino de Aragón que estaba en una lucha interna con el Reino de Castilla como una estrategia para acabar con el mismo. Busca apoyo espiritual y ancestral. Muda su centro de mando de Guainia a Lal'esh ("Lares") "el Altar de la Patria".

Se reúne con su pueblo y les da **katey** ("guerra") a los intrusos de Castilla. Se reúne con Cristóbal Sotomayor, apoderado y representante del Reino de Aragón en Boriquén. Y establecen una alianza a través del casamiento del aragonés con su hermana Guainina. De esta manera se unen la dinastía nativa con el Reino de Aragón. Se reconocen no solo el liderato de ambos sino las creencias espirituales de cada uno, ya que había grandes similitudes entre ambas. Al cabo de varios años la unión de la hermana del cacique con Sotomayor produce dos hijos.

El 3 de enero del año **1511**, el cacique Ah'uaay'Ban'a junto a las principales familias de Borikén le declara la guerra -Katey – a los intrusos Españoles, en lo que se conoció como **"El Grito de Coayuko"**.

¡Soluma, bimini!

Ah'uaay'Ban'a ordena la **muerte de Salcedo**, comandante del ejército de Cristóbal Sotomayor. Esto siguiendo la tradición de sacrificar a un enemigo en el río, en honor a nuestro Héroe Epónimo TemiBan Caracaracol, que nació en una cueva cerca del río Culebrina. Y no para comprobar si Salcedo era un dios, como lo plantean los libros de texto que se han utilizado hasta hoy. ¡Como si fuéramos tontos! Acaso no ganamos la guerra del 1511 usando la inteligencia militar.

De ahí que Ah'uaay'Ban'a era conocido entre el mundo europeo como el Gran Can, y nuestra gente temida por sus poderosas estrategias de defensa. Pero aún hoy en ciertos libros se dice que los españoles nos exterminaron mucho antes de esa fecha. ¡Puros cuentos de sorumas! Sus propios libros se contradicen.

Para esa fecha nosotros, los indígenas, los supuestos exterminados, atacamos todos los enclaves de los intrusos, en especial la villa de Cristóbal Sotomayor. Ah'uaay'Ban'a le había asignado a Uali'on'ex que atacara la villa de Sotomayor y lo matara. No quería que Sotomayor heredara el título de gobernante principal de Borikén. Había casado a su hermana con Sotomayor para asegurar que su descendencia heredara el título aragonés y los derechos sobre las tierras de Borikén ante la Corona de Aragón.

Pero, los hijos mestizos de la cacica Guainina serían criados en el seno materno, bajo la tutela del cacique y educado con las costumbres y tradiciones nativas.

El cacique usó esta estrategia para mantener nuestras tierras. Peleamos con mucha astucia y entrega. Derrotamos a los españoles. **Ah'uaay'Ban'a** quedó herido y pidió a su gente que lo sepultaran en los manantiales donde nace el río Culebrina en Lal'esh, en honor a TemiBan, nuestro primer ancestro.

Los nativos fuimos afortunados. Las consecuencias diplomáticas y políticas de la muerte de Sotomayor, ubican a los hijos mestizos de la hermana del cacique como herederos de dos títulos. Ante los ojos del Reinado de Aragón en España heredaban la autoridad en Borikén, y por línea materna eran los herederos de la Dinastía Ah'uaay'Ban'a ("Señor del Aposento del lagarto del mar"). Este hecho fue bien significativo para la resistencia de nuestro pueblo, porque dejaba a los caciques principales con la autoridad para educar a los hijos menores de Sotomayor y símbolos de la continuidad del orden cacical. El estado español reconoce a la aristocracia nativa y los derechos de éstos a sus títulos y tierras. Se daba un paso hacia la **secularización del gobierno nativo**.

Existe un cuento de la tradición oral de Lares, la historia de un niño heredero de todo, a quien se le ocultaba la realidad para protegerlo, ya que lo buscaban para matarlo. También dicen que aunque los tres hombres más altos se pararan uno sobre otro y el niño sobre estos tres, todo lo que alcanzara a ver el niño no bastaría para expresar lo que poseía, de saber por suyo en derecho. Esta historia habla del **heredero** nacido de la unión de **Guainina** y **Sotomayor**.

Con el triunfo del pueblo nativo, los pocos intrusos españoles que quedaron del reino de Castilla se limitaron a sus enclaves. Otros que venían de España solo llegaban de paso en ruta hacia la conquista de los continentes de América.

Con el reconocimiento del país Boricua por el reino de Aragón y la muerte del cacique principal, Ah'uaay'Ban'a, el **gobierno Boricua cambió.** Pasó de un gobierno con dinastía nativa, basado en las creencias espirituales y en la vida comunitaria, a uno secular.

Empezaron a crearse en las montañas **haciendas** empresariales de producción agrícola y de productos industriales, como, telas, embarcaciones, muebles y otros. Es con esta sociedad post- cacical que surge el **cimarrón**, de la voz nativa **Zin'al'on**, que significa **obrero**. Se organiza el trabajo de otra manera. Antes se trabajaba cooperativamente. Cada persona tenía una responsabilidad que era respetada y que hacía para el beneficio del pueblo. Con el nuevo sistema de gobierno se deja de trabajar por el bien colectivo. Cada persona trabaja por el **bien personal**.

El país Boricua empieza un **sistema industrial** de comercio con países europeos, en especial con Francia. Las primeras haciendas de café, guineos y otros productos agrícolas fueron trabajadas por las principales familias del país nativo en las montañas de Boriquén, conocidas en aquellos tiempos como las indieras. Estas cubrían todo el centro de la isla.

Por **más de 300 años**, desde el triunfo del Grito de Coayuko en 1511 hasta principio del siglo 19 (1812)   nuestra isla se componía de **dos países**. El país de los españoles, con algunos enclaves en las costas de la isla, al cual ellos llamaban **Puerto Rico**, y **el país Boricua**,   que comprendía   la mayor parte de nuestro territorio, la tierra de Xuan Bobat, y a la que los españoles llamaban las Indieras.

76

Nuestro país tenía a **Lal'esh** (Lares) como **capital** o centro principal. El primer gobierno secular fue fundado allí por los descendientes directos de Guainina y Cristóbal Sotomayor. Y por los hijos de la unión de una hermana de Uali'on'ex con un hijo de la familia Segarra, una de las principales del Reino Aragonés.

Después de aquella gloriosa y épica victoria del **1511**, nuestro pueblo vivió feliz y en libertad por más de **300 años**, justo hasta comienzos del siglo 19.

En los tiempos de las **guerras Napoleónicas** volvimos a ser invadidos por los **invasores** españoles y otros europeos, irlandeses y corsos, que no pararon en conspirar para quitarnos lo nuestro. Muchos venían expulsados de las colonias españolas de América del Norte, Central y Suramérica, que se habían revelado del imperio español. Vinieron con más poder económico y militar, que obtuvieron por la explotación a la que **sometieron a los pueblos nativos** del Continente Americano.

En las primeras décadas fuimos despojados de nuestras tierras y de nuestra libertad con fuerza brutal y sanguinaria. Crearon **compontes** y **métodos genocidas** para exterminarnos.

¡Pero <u>no pudieron</u> porque aquí estamos en pie de lucha!

Los españoles empezaron por tratar de destruir nuestro principal fundamento como pueblo, nuestras **creencias espirituales**. Destruyeron nuestros ídolos, nuestros altares y nos prohibieron practicar nuestras creencias espirituales. Muchos murieron víctimas de la maldita **Inquisición**, de la que aún padecemos cuando no nos permiten utilizar nuestro Centro Ceremonial más importante (Caguana en Otoao), y nos arrestan por ello. Esto **ocurre aún hoy día**, en tiempos de "democracia" y de "libertad de culto".

Arrestan Indígenas en Centro Ceremonial Indígena Caguana, Agosto 2005.

¿Por qué nos criminalizan por ejercer nuestro derecho?

La Inquisición en tiempos de "democracia"

80

Todavía hoy seguimos siendo objeto del **discrimen** al que fuimos sometidos durante la **Inquisición**. Basta ver como destruyen, roban y profanan continuamente nuestros santuarios, bateyes, cementerios, osamentas ancestrales y objetos fúnebres. Tristemente, los huesos de nuestros ancestros son tratados como objetos arqueológicos y sin ningún respeto.

¿Por qué interrumpes mi descanso? ¿Y qué de la ley que protege a los cementerios? ¿Aún discriminan contra mi raza?

Nos obligaron a cambiarnos nuestros **nombres nativos** porque eran diabólicos y paganos. No podíamos comprar nada, ni hacer ningún tipo de transacción si no adoptábamos nombres españoles. Pero nuestro pueblo como siempre los cogió de p…, porque nuestros padres nos apodaban con nombres nativos que hablan de nuestra mitología, como, Meche (Lagartija), Oki (Cabo de hacha), Chava (temblor de tierra), Juana de Huana (Iguana o Lagarta), Chico (El Pulga o Pulgarcillo), Chino (El chiquito), y muchos más.

Por la persecución a la que fuimos sometidos por los europeos, nuestro pueblo disfrazó nuestras creencias espirituales con las de ellos. Son diversas las prácticas espirituales nativas que aún hoy permanecen siendo celebradas, pero disfrazadas con un supuesto catolicismo.

Diosa CA'U'A'NA
(Caguana)-
Representación de la
Madre Tierra
AH'TAH'PEDZ
(Atabey).

Cuando adoramos a la **Virgen del Rosario**, adoramos a nuestra **diosa** AH'TAH'PEDZ **(Atabey)**, "nuestra Madre Tierra", la cual dio a luz al Varón, nuestro primer ancestro Temiban. Y hay una historia de Lares que habla de ella. Allí fue vista convertida en cuerpo de mujer por primera vez. Allí se le erigió una estatua, la que tumbaron los españoles al invadir este pueblo. Al igual que un cuadro con la imagen de la virgen que se llevaron de la iglesia y que hoy todavía existe. También, fue vista en el pueblo de Sabana Grande. Y hoy se le conoce como la Virgen del Pozo o del Rosario, virgen proscrita por el Papado y Vaticano Católico de Roma. Es que ellos saben que cuando le adoramos lo hacemos siguiendo una tradición nativa.

83

Atabey, de
AH'TAH'PEDZ= persona,
ser o principio, señor (a)
de cantos y oraciones con
cuentas.

De hecho, cuando rezamos el **rosario cantao**, estamos practicando nuestro **areyto**. Los sacerdotes católicos no trajeron con ellos el rosario. Solo colgaban de su cuello una cuerda con un crucifijo. El uso de un collar con cuentas, semillas o piedras para contar cuentos es una tradición indígena que permanece siendo practicada en lo que hoy llamamos rosario y rosario cantao.

Cuando celebramos la **Noche de San Juan** nos echamos de espaldas al agua para dejar los males pasados y renacemos al salir del agua. Esto lo hacemos para la buena suerte y es un **ritual espiritista nativo**, lo que no haría un religioso católico. Pues, ¿cómo es entonces que surge esta costumbre? Sin duda alguna es la continuidad de un rito ancestral que todavía hoy día celebramos. En este le rendimos **tributo a nuestro primer ancestro**, nuestro dios demiurgo Temiban Caracaracol, tambien conocido como Xuan, "el lagarto de mar", hoy llamado Juan, "el santo que bautiza en las aguas". Nuestra isla también era conocida como la isla de Xuan. Por ello los españoles llamaron San Juan a la isla. Nombre con el que después llamaron a la isleta que habitaron al norte de la isla.

ISLETA
SAN JUAN

Boh'li'Kin o Isla de Xuan, "el lagarto de las aguas"

85

Y cuando aprendemos con la astucia y los cuentos de **Juan Bobo**, estamos aprendiendo de las enseñanzas de nuestro **héroe epónimo Xuan Bob'at**, "El lagarto sabio". El personaje de Juan Bobo sale de este personaje nativo ancestral, sincretizado. Pero los españoles lo ridiculizaron, llamándole Bobo para desautorizarlo.

Otra celebración importante que permaneció fue el **culto** a los tres gemelos divinos, hermanos de Temiban, los **tres Canes**. Existen en los campos historias disfrazadas que hablan de estos personajes místicos. En una se habla de tres perros que merodean los caminos de los campos. Siendo estos 3 canes la representación de los 3 gemelos. Y es que **Can** es voz nativa, y significa lagarto. También significa amarillo. Por ello usamos las expresiones "el cano" o "la cana", para referirnos a los rubios.

Cuando tallamos santos de palos de tres piezas, los **Tres Reyes Magos**, estamos tallando cemíes de tres puntas, que representan a nuestros ancestros, los tres gemelos divinos. Además, se habla de tres estrellas alineadas, a las que hoy se les llama los Tres Reyes Magos. En cemíes antiguos, como el llamado "Cemí del Navegante" aparecen las mismas junto a otras estrellas de la constelación de Orión. Esto revela la importancia de las mismas para nuestro pueblo indígena. El Día de Reyes le rendimos culto a los **3 canes, gemelos divinos** y hermanos de nuestro primer ancestro Temiban. Al morir se iluminaron y se fueron al cielo y ahora componen el **cinturón de Orión**. La tradición oral habla de un cuarto Rey Mago y éste es, el mayor y principal, Tem'i'Ban Caracaracol.

Así como las estrellas son dioses y en ellas vemos los espíritus de los ancestros, el **Sol**, siendo el astro celeste mayor y la fuente principal de la **energía que da vida**, es el Gran **Padre Celestial.** Por ello hoy es común en la gente de los campos que todavía se use la expresión Padre Celestial, cuando le damos gracias a nuestro Dios. Y cuando celebramos las **Fiestas de Cruz** le rendimos homenaje al Varón en la encrucijada, a nuestro primer ancestro.

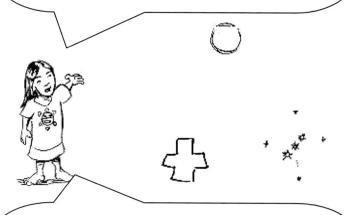

Cincuenta y seis años les toma a los intrusos europeos exactamente tomar toda la indiera (1812 a 1868). Y en **1868** logran entrar a Lares por primera vez. Los intrusos europeos mantuvieron rodeada por muchos años nuestra isla con embarcaciones de guerra para evitar que nuestro país Boricua pudiera comercializar con otros países, como de costumbre.

Así surge la **piratería** en el Caribe. El **Pirata Cofresi**, cacique nativo que se burlaba y atacaba a los barcos europeos, abrió, junto a otros, las brechas de mercadeo   para el país boricua. "Comercio de contrabando y piratería", llamaban los invasores a esta practica. Pero no decían ellos que nos estaban bloqueando el comercio con otros países para controlarlo ellos. Y que el llamado Pirata Roberto Cofresí, junto a otros, vino como un héroe, para romper el bloqueo naval al que fuimos sometidos. Era hijo de un italiano y de una nativa con linaje cacical. Al ser criado por una mujer nativa, su espíritu de lucha por nuestro pueblo era fuerte. Logra burlar a los europeos abriendo una punta de playa en la costa de Camuy y Quebradillas, entre el Peñón de Amador y Puerto Hermina.

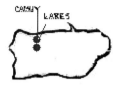

Es de Lares, centro principal o capital del país boricua en las indieras, que sale el mercado de productos nativos. Y llega hasta la costa, vía los barrios Piletas y Cabán de Lares a Cibao, Puertos y Puentes de Camuy.

Cofresí se apoderaba de los barcos extranjeros y de sus pertenencias y las repartía entre los nativos de la Isla. Todavía hoy, hay gente que dice saber de tesoros enterrados por él, para ocultarlos de los solumas (extranjeros).

90

Roberto Cofresí, héroe para la resistencia de nuestro pueblo, se convirtió en un problema para los planes de invasión de los gringos. Es por ello que se asocian con los españoles para capturarlo y asesinarlo en el llamado Fuerte San Felipe de El Morro. Los invasores mataron a Cofresí, pero su espíritu queda vivo en las mentes de nuestro pueblo. Todavía en este siglo se habla del héroe, mayormente en Cabo Rojo, Camuy, Lares y Quebradillas. Su vida y hechos fue la continuidad de la de otro líder indigenista, el cacique Yumac del pueblo de Camuy.

Camuy, cuyo nombre original era **Can'uy** había sido históricamente centro de resistencia para impedir la entrada de los europeos a Lares. Era una frontera, al igual que Caguana en Utuado y Juncal en San Sebastián, y el centro principal de construcción de embarcaciones de Borikén. También fue reconocido por su **cacique Yumac**, comandante en jefe de la **armada naval** del país Boricua. Yumac, junto a Yaureybo y Casimar, caciques de Biekes, derrotaron a los europeos en la batalla del Daguao entre Ceiba y Humacao.

Es durante una guerra prolongada de resistencia por parte de nuestro pueblo nativo, que da comienzo la gran Inquisición. Este método político-religioso surge como otro intento genocida usado por los europeos contra los pueblo americanos.

Por 56 años van conquistando y tomando nuestro país, área por área, destruyendo nuestros bateyes, observatorios, altares e ídolos. Crean **compontes genocidas** con nombres siniestros como el Ataúd en el Río Prieto de Lares, el Zacarías en Ángeles de Utuado, y otro en Puertos, Camuy. Allí llevaban personas secuestradas para matarlas y tirarlas.

Don Félix Montalvo de 84 años, cuenta que su abuela era una india del Barrio Caguana en Utuado. Que fue secuestrada por los españoles. Que logra escaparse. Pero estos le echan los perros, como solían hacer para atrapar a los indígenas. Que los españoles ponían corcel a las mujeres y las usaban como objeto para sus placeres. Que a los bebés les daban "biberón", que los mataba. Y que a los hombres nativos los amarraban en unas máquinas que al girar los estiraba por las extremidades hasta matarlos. Estas son parte de las barbaries a las que fue sometida nuestra gente. Y todavía hay abuelos que cuentan su historia, nuestra verdadera historia.

Los invasores destruían los poblados y los yucayeques (fábricas) nativos, para luego construir pueblos al estilo español, con sus plazas e iglesias cristianas. No respetaban nuestros cementerios, ya que sobre ellos construían, aún sus iglesias. Se sabe que la iglesia de la Plaza del Barrio Ángeles está construida sobre un cementerio indígena. Esta práctica de profanación sigue hasta el día de hoy. Nuestros muertos son desenterrados y sus pertenencias robadas. Pero a esto le llaman arqueología. Mas si alguien decide desenterrar un cuerpo en un cementerio español sería sacrilegio y un delito ante la ley.

!Ay bendito, déjenme descansar en paz!

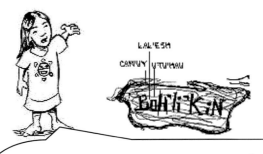

En todos los **pueblos** que todavía tienen **nombre indígena**, los europeos destruyeron los poblados indígenas y los construyeron al estilo español. Como el pueblo, en su mayoría, era indígena, los nombres nativos de muchos pueblos permanecieron. Estos fueron españolizados. Así Can'uy paso a ser Camuy, Utu'hau (Otoao), Utuado, y Lal'esh, Lares, entre otros.

Mucha de nuestra gente se fue a vivir a los ceborukos (montes) y organizó **grupos de resistencia** que con la cara tiznada atacaban en la noche las haciendas de los españoles. Es así que nace la historia de los famosos **tiznaos**, que no es otra cosa que, nuestros tradicionales **guerreros nabolias** (los ungidos para la guerra).

Ya para el **1860**, los europeos habían ocupado casi todos nuestros pueblos nativos, excepto la indiera de Lares. Nuestra gente lo había defendido con uñas y dientes en los ceborukos, y en las montañas. San Sebastián era la frontera entre Lares y el Puerto Rico ocupado. Por ahí, los españoles trataron de entrar muchas veces, pero fueron emboscados y rechazados por nuestra gente, en batallas en Juncal y en Ceburukiyo. Lo mismo pasó en Caguana y en Criminales, llamado ahora Ángeles, que en tiempos ancestrales pertenecían al territorio de Lares, por donde tampoco podían entrar.

96

Lal'esh, "de donde salen los manantiales", o **Lares**, como se le conoce actualmente, es una península que está rodeada por agua. Es una cuchilla de cerro rodeada de hoyas y cibancos. Frente a frente tiene un cerro grande llamado "Cerro de cuba". A un costado está una división de caminos que se llama el Hayal. Se funda el pueblo, secularmente, para la época en que surge un bloqueo comercial y es asesinado nuestro héroe Cofresí. El pueblo se establece para tener el modo de sacar la mercancía de la región. Las tierras en las que se encuentra el pueblo, fueron cedidas por dos principales de la enea. Uno de ellos era de los Sotomayor y el otro era uno de los Segarra. Ellos tenían raíces en las antiguas familias dominantes de los tiempos cacicales.

Yo soy di Laris, m'ijo.

Actualmente, su nombre se le adjudica erróneamente a un colonizador europeo del siglo 16, Amador Lariz. Y según el historiador Don Generoso Morales escribe en el reportaje de <u>El Mundo</u> (1946), el que la gente de este pueblo digan Laris, en vez de Lares se debe al apellido de dicho europeo. ¿Y qué de las otras tantas palabras y frases características de esta gente? **"Di Laris"**, **"ya usted sabi"**, **"subiti"**, entre otros. Obviamente, este hecho pasó desapercibido para el historiador. Además, el nombre de Lares también se le adjudicó anteriormente a otro comendador de Lares, Fray Nicolás de Obando. ¡Pero ni uno, ni lo otro! Pues el **dialecto "di lechi di poti"** que conocemos y el nombre **"di Laris"** es el **legado de la lengua indígena nativa** y de su acento.

Primer Escudo de Lal'esh
(Lares). Surcos Lareños Num. 4

El nombre original Lal'esh está relacionado a nuestra **mitología nativa**, como también lo evidencia el **primer escudo de Lares**. Su simbología está basada en un cuento de la tradición oral nativa que explica lo que ocurrió para el tiempo de las guácaras (cuevas), o sea hace mucho tiempo. Para el tiempo del gran temblor, la tierra temblaba constantemente. La gente no podía cocinar en los burenes de piedra como de costumbre. Pasaron hambre al no poder cocinar sus alimentos. Entonces, vino el Varón, un sabio, Xuan Bobat, también conocido como Temiban, y les enseñó lo que debían hacer. Cuelguen una dita del árbol y bajo ella hagan el fuego. Muevan la dita y el fuego cocinará el alimento sin quemar la dita. Este cuento todavía se sabe entre los abuelos del pueblo.

El **origen del escudo**, al igual que el del nombre del pueblo, se otorga erróneamente a los españoles. Pero por lógica se puede deducir que si aparece la dita, estamos hablando de un cuento **indígena** y no español. Los cuatro canes representan a los cuatro gemelos divinos. El árbol de ceiba-yuca es el árbol de la vida del que hablan todos los pueblos mayas. En la Revista Surcos Lareños (Num.4, Sept. 2004) aparece este escudo. Pero, aunque la simbología habla por si sola, la explicación que dan de ésta en dicho reportaje, no concuerda con la realidad. Muy bien dice el dicho "el papel aguanta todo lo que se escribe sobre él". Y es que cuando se quiere ocultar una realidad se olvida hasta la lógica. Pero pa' la lógica estamos aquí y pa' hacer saber la realidad. Para la década del **1950**, cuando se crea el Instituto de Cultura se cambia este escudo para cambiarle al pueblo su realidad, que somos un pueblo indígena nativo, y esto lo evidencia la simbología del mismo.

Cuando los españoles invaden a Lares y toman la plaza en **1868**, destruyen la imagen y proscriben a la santa Virgen del Rosario. La patrona de Lares era la Virgen del Rosario, o sea la diosa Atabey, la de la cuerda de cuentas. Había un santuario con una escultura de mujer, la de la diosa, al pie del cerro donde está el pozo de Doña Rosa, que fue sacada del templo del pueblo y fue sustituida con la inmaculada patrona militar española. Hasta el día de hoy, el Vaticano proscribe la adoración a esta Virgen nativa. Pero miles de boricuas todavía le rinden culto a la Diosa Madre.

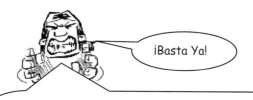

¡Basta Ya!

En el **1868,** nuestro pueblo al igual que en el 1511, vuelve a gritar y le dice a los intrusos europeos, "Basta ya". Esta vez, dirigido por **Ramón Emeterio Betances**, quien era hijo de un terrateniente español y de una nativa de madre indígena y padre con descendencia africana. Betances nunca vivió, ni se crió con su padre, sino con su madre, quien le trasmitió toda su tradición cultural indígena y la de su padre lo que lo llevó a amar a estos dos pueblos.

Ramón Emeterio Betances, "El libertador", "El médico de los pobres", "El padre de la patria", "El antillano".

102

¡Gracias por la libertad!

Al crecer, Betances fue enviado por su padre a estudiar a Francia. Se hizo doctor en medicina. Al regresar a su tierra se dedicó a curar y a liberar a su gente, a indígenas y negros. Por eso le llamaban, "el médico de los pobres" y "el libertador". Betances organizó al pueblo en casi todo el territorio Boricua. Y en unión a algunos criollos, Hostos, Ruiz Belvis y otros descendientes de los europeos, se revelaron contra el gobierno español y el **23 de septiembre de 1868**, llevaron a cabo el famoso **"Grito de Lares"**.

¡FUERA!

Según la historia oral del pueblo de Lares, siguiendo la tradición indígena, los guerreros (nabolias) se reunieron y celebraron un rosario cantao (areyto) en ceremonia de guerra. Después, fueron al pozo de Doña Rosa, al santuario de la Virgen del Rosario (diosa Atabey) y le rindieron culto. Fueron al pueblo y cogieron al cura en la iglesia y lo llevaron al Río Culebrina, donde lo degollaron por chota (rata en lengua nativa) en honor a los dioses.

Copia de un mapa preparado en 1868 por los revolucionarios, indicando la localización de las juntas y legaciones.

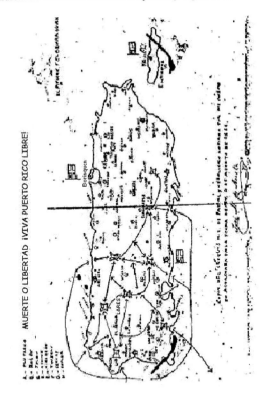

La **bandera de Lares**, que contiene la misma simbología que la de Haití y Kiskeya, fue diseñada por **Ramón Emeterio Betances**. La confeccionó **Mariana Bracetti** con la ayuda de sus amigas de Pezuela. Una de ellas, Doña Carmen Rivera Rivera, quien dio su cambio, o sea falleció, en febrero de 1978 a la edad de 127 años. Antes fue entrevistada por el antropólogo e investigador lareño, Oscar "Oki" Lamourt Valentín. La bandera está diseñada con el sistema de simbología rebus y siguiendo los principios mitológicos de nuestras creencias nativas. Cuatro cuadrados divididos por una cruz que representan a los 4 gemelos divinos y la división territorial del gobierno en 4 provincias; Baneque, Caniba, Babeque y Boh'li'kin. Los cuadros rojos representan al pueblo nativo y los azules a los extranjeros. El azul con la estrella blanca (originalmente amarilla) representa a los negros, el otro a los extranjeros blancos.

Los **negros** que habían traído a trabajar como esclavos se fugaban y junto con los blancos pobres se adaptaron y se asimilaron a la cultura nativa Jíbaro Boricua. Algunos se unieron a mujeres indígenas. Ya que eran muy pocas las mujeres negras que trajeron los españoles. Siendo la mujer la responsable principalmente de criar a los hijos en ese tiempo, estos mantuvieron mucho de la cultura nativa, el modo de hablar y el quehacer indígena. Los primeros negros en llegar a nuestra isla eran moros, mas no musulmanes, sino conversos culturalizados como españoles post-islámicos y vinieron como hombres libres. Eran conquistadores y obreros que trabajaban como intermediarios entre los españoles y los nativos. Pero se compadecieron con el pueblo y se unieron para ser hombres libres.

Ese es el caso de **Pedro Mexias**, quien se casó con la **cacica Yuisa** y luchó junto a ella contra los intrusos, en el territorio que hoy se conoce como **Loiza Aldea**. Y siempre se ha conocido como Cangrejo o Can'ejero, en alusión al cuarto gemelo divino.

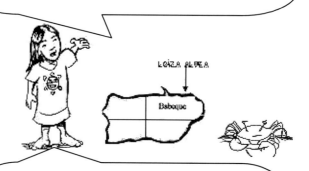

Los negros que posteriormente vinieron como esclavos se escapaban y se integraban a las comunidades de indígenas libres en las montañas. En el territorio o provincia de Babeque, que también se conoce como Cangrejo, es que más se concentran las haciendas de cultivo de caña con mano de obra de esclavitud negra. En Vega Baja, Toa Alta, Toa Baja, Bayamón, San Juan, Carolina, Loiza y Río Grande. Y es en este último donde más rebeliones ocurren desde el siglo 19 hasta el siglo 20. Lo que provoca la **Abolición de la esclavitud.**

El triunfo de nuestro **Grito de Lares** no se logró porque alguien choteó y porque los criollos no fueron sinceros con los nativos. Aquellos desconfiaban de los nativos por conflictos de intereses y de clase. No querían crear una República para el pueblo, los indígenas, sino para ellos. Con el triunfo de los españoles comienza una intensa represión contra nuestro pueblo que obliga a muchos a retirarse a los ceborukos, de donde salen esporádicamente como guerreros nabolias tiznaos o embriscaos para atacar a las haciendas españolas. Y es que esos hacendados eran unos... Nos traicionaban y engañaban con negocios fraudulentos para quitarnos nuestras tierras, las que luego sembrábamos como agregados a ellas, y aun así no estaban conformes.

Quedaron para la historia, como ejemplo de negocios engañosos, la Hacienda San Abreus de Ramón Díaz Román en Ángeles, Utuado, la de los González en Lares, conocido como la Gonzalera. Y la de la Central Soller en Cibao de Camuy. No nos pagaban un salario justo y nos mantenían deudas injustas que no podíamos saldar nunca ya que los tramposos añadían números a la cuenta. Por eso, los **tiznaos** nos apropiábamos de las pertenencias españolas y como decimos comúnmente "repartíamos el queso" entre los más necesitados.

Colmado Soler, ubicado en el barrio Cibao, sector Sole Camuy, conocido también como "La casa del vale". Este último nombre se debía a que el comprador tenía presentar el vale del capataz donde se le autorizaba a efectuar compras.

Con estas constantes escaramuzas y encuentros casuales llegamos al **1898**, año de la **guerra Hispanoamericana**, cuando fuimos comprados e **invadidos** por los **Estados Unidos**, "País de la Democracia". O sea que fuimos colonia de los españoles solamente por 86 años, de 1812 a 1898. Y es que, mientras acabábamos de luchar para expulsar a los intrusos españoles de nuestra tierra, los criollos negociaban una supuesta Autonomía, para ellos gobernarnos a nosotros.

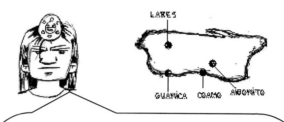

Mostrando un gran conocimiento de nuestra historia ancestral, los gringos deciden entrar por Guanica, pueblo con nombre mitológico, ya que se refiere a nuestra madre Diosa Caguana, y donde, a la llegada de los europeos, estaba Uah'i'nia, capital del pueblo Boricua. De Guanica pasaron a Lares, al cual sitiaron. Allí estuvieron por mucho tiempo para controlar a nuestro pueblo. Los criollos los recibieron con los brazos abiertos pensando que le iban a reconocer la Autonomía. Los nativos los rechazamos y nos enfrentamos a ellos, en una guerra de guerrillas, en la que se destaca lo que se conoce como **"La Batalla del Asomante"**. Ocurrió entre Coamo y Aybonito dirigido por un nativo que como pseudónimo usaba el nombre de Águila Blanca.

¡Oye, con nombre indio ah!

¡Hola, pana!
Pana de ba'anat=
el que me ayuda,
el amigo (a).

A pesar de ser invadidos por dos imperios en los últimos 200 años, nuestro pueblo ha luchado por mantener sus raíces y sus tradiciones. Es **a fines del siglo 19**, con la llegada de los gringos y la campaña de las escuelas, que suprimen nuestra **lengua nativa**. Y la supresión continúa hasta hoy. Cuando pronunciamos palabras nativas dicen que estamos diciendo palabras españolas o vulgares, por ejemplo, chota, mizu, jalda, pava, colba, daga, perriyo, cangri, pana, taco, tala, cangrejo y miles de palabras más. Y aún insisten algunos en decir que usemos un español puro. ¡Como si alguna vez hubiera sido puro! Puros cuentos de aquellos que insisten en promover el supuesto Español de la Lengua Castellana y ridiculizan el hablar jíbaro, que es nativo. Si los que no nos vanagloriamos de ser académicos de la Lengua sabemos, por mero sentido común y práctica, que el español boricua es una combinación de español con palabras nativas. El llamado español Caribeño y el famoso acento de "Lechi Di Poti", es el residuo inexterminable de nuestra lengua nativa.

En **1900**, nuestra vestimenta, la **cotona** (cota o cotita) fue **prohibida** por los gringos. Nos prohibieron usarla y nos obligaron a usar ropa caki y zapatos de cuero, como método de erradicar nuestra cultura nativa e implantar su sistema de vida. Se dice entre la gente del campo que, "Luis Muñoz Marín acabó con las niguas". Y lo hizo trayendo zapatos y asociándose a los gringos, formando el "Estado Libre Asociado". Esta expresión tiene doble sentido, ya que al decir "acabó con las niguas", implica que acabó con la forma de vida de los nativos jíbaros al promover la emigración a la metrópoli. Más, no pudo acabar con nuestra gente.

Los **gringos** convirtieron a nuestro país en un **centro militar** y establecieron bases en muchos de nuestros pueblos: en San Juan, Cataño, Biekes, Culebra, Ceiba, Salinas, Isabela y Aguadilla. Ellos nombraron como gobernador a un militar gringo que había ganado fama como asesino de indios en las guerras de resistencia de los indígenas de Norteamérica. Pero nuestra gente no se amedrentó y siguió su lucha de resistencia. En las primeras tres décadas del siglo 20, los gringos establecen siembras y centrales de caña en casi toda la costa del país. En ellas obligan a nuestro pueblo a trabajar de forma esclavizante, mientras en las haciendas cafetaleras de la montaña, los servidores de los gringos, los criollos, hacían lo propio y mucho más.

En las montañas los hacendados europeos establecieron un sistema de cobro y pago, que se conoció como, **La Libreta**. Los grandes hacendados que se habían apropiado de nuestras tierras, también eran los dueños de las tiendas que vendían productos de primera necesidad, como, jabón, gas, fósforos, ropa y otros artículos del hogar. Los jíbaros con poca tierra no producían lo suficiente para comprar los productos de primera necesidad por lo que tenían que coger fiao y prestao al hacendao. Estos apuntaban la deuda en la libreta, pero los tramposos, añadían de más a la cuenta. Como los jíbaros no podían pagar la injusta deuda, los dueños les quitaban sus tierras y los cogían de arrimao como pago. Así se fueron quedando muchos jíbaros sin su tierra en medio de esta crisis de abusos e incertidumbre. Y los que eran dueños herederos de la tierra terminaron sin ella.

¿Hasta cuándo dejarán de pensar que son dueños de la tierra, y comenzarán a respetarla y a venerarla como a la madre que es, AH'TAH'PEDZ?

Muchos jíbaros fueron arrinconados a los bordes y riscos de las montañas. Otros desplazados a los **arrabales** de la ciudad, y posteriormente ubicados en lo que hoy conocemos como **caseríos**. Todavía en este siglo nuestra gente sigue siendo desplazada, en pro de un supuesto progreso, que solo beneficia a los grandes empresarios de la construcción y a los que por debajo de la mesa cogen su incentivo. Y tomando como excusa la preservación de los recursos naturales desplazan de su tierra aún a nuestros abuelos. Mientras, les permiten a los ricos construir de forma ilegal en terrenos protegidos.

117

En la década del **'30** surge en nuestra isla un gran líder nativo, **Don Pedro Albizu Campo**, hijo de un español y de una indígena nativa.

Don Pedro Albizu Campos

Desde la década del '30 a la del '50, Don Pedro se convierte en el líder y la máxima esperanza de nuestro pueblo nativo. Rescata a Lares, a Betances, y se enfrenta al intruso enemigo. Los gringos analizan la situación y el estado de guerra en que se encuentra el pueblo nativo, bajo la dirección de Don Pedro. Se reúnen con él y le ofrecen la libertad con condiciones. Él rechaza la oferta y no acepta la libertad con condiciones.

Así que los gringos buscan un personaje político que se estaba desarrollando paralelo a Don Pedro. El servil criollo, descendiente de españoles, un político que engaña y traiciona al pueblo nativo, **Luis Muñoz Marín**. Acepta y funda un partido con criollos autonomistas.

Muñoz Marín se asoció con Winship cuyo gobierno se caracterizó por ser uno violento.

Mientras Don Pedro organiza la guerra de liberación con el pueblo, el criollo organiza el partido de la traición. El criollo **Luis Muñoz Marín** dirigido y asesorado por sus amos, los gringos, se tira a la calle y se va a los campos, y visita bohío por bohío. Usando una estrategia de yagrumo, habla con los indígenas jíbaros y les pregunta que ellos quieren. Ellos contestan: "Antes de que vinieran los españoles, teníamos que comer. Queremos volver a tener que comer. Antes de ellos, teníamos tierras. Queremos volver a tener nuestras tierras para sembrar. Antes de ellos teníamos libertad para poder decidir lo que queríamos. Queremos la libertad." Y él les prometió que así sería. Les habló de una revolución sin tiros ni guerra. ¡Muy prometedor! ¡Unjú! Así surgió el slogan político de la campaña de Luis Muñoz Marín: "Pan, Tierra y Libertad". Y adoptó la Pava y la Jalda, símbolos indígena jíbaros.

Como acordado con los gringos, **Muñoz Marín** hace su campaña. Y con el respaldo económico y la manipulación, gana la gobernación. Pero como criollo y político al fin, no cumple con los jíbaros y **traiciona** al pueblo. Las condiciones no cambian. Siguen los abusos y la explotación, y el pueblo se revela. Comienzan los paros y las huelgas de los campesinos y obreros de la caña. Estos llaman a Don Pedro para que los organice y los dirija. Entonces vuelve Borikén a gritar y estalla la revolución.

¿Y qué pasó con lo que nos prometió Muñoz? ¿Pan, Tierra, Libertad?

¡Ay esos…Chotas! Se venden por dinero.

En el **1950,** bajo la dirección de Don Pedro Albizu Campos, el pueblo se levanta en armas en parte de las indieras: Jayuya, Utuado, Ciales Naranjito Arecibo y otros pueblos. Pero como en otras ocasiones, un criollo chotea y sabotea los planes de insurrección. Muñoz Marín, siguiendo las órdenes de los gringos, manda la guardia nacional a la calle, dando comienzo a una represión brutal donde mueren muchos. **Encarcelan** a varios **líderes nacionalistas nativos;** Don Pedro Albizu Campos, Lolita Lebrón, Blanca Canales, Rafael Cancel Miranda y a otros.

122

Para evitar que los jíbaros se reorganizaran y para emblanquecer al país desarrolló una inmensa campaña de **emigración** hacia los Estados Unidos. **500 mil jíbaros** boricuas emigraron a los lugares de ventas de sueños alejándolos de su terruño y creando arrabales inhumanos en los ghetos de la gran metrópoli neoyorquina. Estimuló a que los jíbaros abandonaran los campos y se fueran a San Juan, donde desarrollaron arrabales famosos como el Fanguito, Israel, las Monjas, La Perla y otros. Luego los saca de ahí y los mete en caseríos como Lloréns Torres, Nemesio Canales, Manuel A. Pérez. Esto lo hizo para quitarnos nuestro sentido de pertenencia hacia la tierra.

Muchas de las familias que vivieron o viven en La Perla fueron familias jíbaras desplazadas de sus tierras durante las décadas '30 y '40.

El caserío Luis Lloréns Torres fue construido para el '50. La mayor parte de las familias que han vivido allí, por más de tres generaciones, vinieron del Fanguito, y éstas a su vez de los campos de la Isla. Son las familias jíbaras desplazadas de sus tierras, especialmente durante las décadas 30 y 40.

Crearon un **sistema de educación** y un **Instituto de Cultura** para manipularnos y para negar que existimos. Todavía hoy tergiversan la realidad de nuestro pueblo en textos escolares y en los medios de comunicación para españolizar o africanizar nuestras tradiciones y costumbres culturales. Enseñan que los indígenas desaparecimos, que nuestra lengua es español castellano, que la mayoría del pueblo es mulato, de origen africano. Todo para desautorizar nuestras raíces y el derecho como nativos a nuestra tierra. Ellos mismos se contradicen.

¡Yo soy **BORICUA**, pa' que tú lo sepa!

Boricua es voz indígena, significa "hijo del sol" o "el que escudriña".

Es tan obvio que no han podido eliminar nuestra cultura básica, la indígena. Y que aunque practicamos tradiciones africanas y españolas, y la lengua que hablamos hoy sea una mezcla y no una pura, aún somos, en mayoría, **étnicamente** un **pueblo indígena jíbaro boricua**.

No importa donde estemos en el campo, en la costa, en el barrio, en la urbe, en el caserío o en la diáspora, nuestra gente funciona en base a una **cultura indígena**. Este es el ejemplo de Doña Juana Ortega, quien tiene 91 años. A los 18 años se muda, junto a su esposo, de Barranquitas a San Juan. Lleva 50 años en Lloréns Torres, pero todavía masca tabaco, come yuca, batata, y bacalao. Adora a la Virgen del Rosario, practica el rosario cantao, le encanta la música jíbara, y junto a sus nietos y bisnietos celebra el Día de Reyes. A ellos les habla de los tiempos de anti, cuando vivía en una casita con paredes de yagua y techo de matojos. ¡Nada más y nada menos que un bohío! Y en ellos vivía la mayoría de los boricuas a la llegada de los gringos.

Según Dona Juana, para esa época dormían en hamacas, petates o sacos rellenos de hojas. Vestían ropas hechas con tela de saco, teñida con tintes que sacaban de semillas del campo. Andaban descalzos. Bebían agua en jataca y comían casabe en dita. Y ella, al igual que sus hermanos, sembraba tabaco junto a su abuelo. De ahí que aprendió a mascarlo, desde que tenía 10 años, hasta el día de hoy. Y está más cuerda y clarita de su mente para recordar detalles, como el Huracán San Felipe, que arrasó su casita, pero del que sobrevivió. Y al igual que ella sobreviven las **costumbres** y **tradiciones** de nuestro pueblo indígena. Así como ella habemos muchos que todavía las seguimos practicando.

Nieta de Doña Juana. Amamantando a su ual'il'i (guailí;niño) en la am'ac'a' (tela de araña; hamaca).

Como cuando nombramos a nuestros niños y niñas al nacer, lagartijas o renacuajos estamos rememorando a nuestros ancestros. Cuando nos hacemos Compay o Comay al bautizar a un niño (a) practicamos una costumbre nativa. Cuando sembramos en el conuco o en la tala usando los estados de la luna: menguante, creciente, nueva o llena, lo hacemos siguiendo una tradición ancestral.

Cuando visitamos a un centro o casa de espiritista, buscamos el consejo o la ayuda de nuestro Bohitihu o curandera. Cuando mascamos tabaco o lo usamos en ritos espiritistas seguimos una tradición indígena milenaria.

Así como, cuando se cantan historias usando el reggaeton, se sigue la tradición del areyto. Y se usan en sus letras expresiones indígenas conocidas entre los muchachos: acho, pana, taco, chota, y otras. Seguimos comunicándonos con nuestra lengua nativa. Aún el más famoso del género, Daddy Yankee, a pesar de tener nombre artístico gringo, se conoce como el Cangri Man. Y cangri es la semilla de la yuca, la planta más sagrada para los indígenas. Y eso que nos exterminaron como raza. ¡Uhú! Esto solo en los libros de historias. En esos libros escritos por los hijos descendientes de intrusos invasores y en los escritos por algunos engañados por dicha historia. Pero hoy venimos con la nuestra, la verdadera.

¡Este es el Cangri, Man!

Esta es la Historia de Boh'li'kin, "la que escudriña el sol primero", "la que escudriña la luz"...

...Y de su gente los...

... Can'chib'al'o

Descendientes del sabio y astuto Xuan Bobat,

"el lagarto marino"

... los Jibaros,

... Boricuas

"escudriñadores"

... Hijos del Sol.

"...sin que nos olvidemos que las desapariciones son endémicas en las Américas, particularmente respecto a Incas y Mayas, como para Caribes, y no sorprende nada que civilizaciones enteras desaparezcan, constatando un patrón clínico de pueblos y naciones desaparecidas, como ningún otro lugar en el planeta..."

Oscar OKI Lamourt Valentín

Somos del CAN
CAN en lengua nativa es serpiente
Somos del CAN
Somos del Pueblo Canibaro
Temibles en el Caribe
Somos del CAN
El Pueblo que viene vía directa del primer
Hombre, los Jíbaros
Somos del CAN
Pueblo de la tortuga,
Del lagarto, del sol,
Y del cangrejo
Somos del CAN
Pueblo de guerreros, poetas,
Artistas, agricultores, educadores
Y valientes
Somos del CAN
El pueblo que resistió ante los intrusos
Somos del CAN
El pueblo que seguirá resistiendo
Somos del CAN
El pueblo que se niega a morirse
Aunque la historia diga que no existimos.
Somos del CAN
Somos los que dejamos el cuero
En todo lo que nos empeñamos.
Somos el pueblo del sol,
Del mar
Y del rayo.
Somos JÍBAROS,
BORICUAS,
Somos del CAN.

Edwin Medina

Bibliografia

Blasini, Antonio. El Águila y el Jaguar. Primera Edición 1985.

Castanha, Antonhy. Adventures in Caribbean Indigeneity Centering on Resistance, Survival and Presence in Boriken (Puerto Rico). A Dissertation Submitted to the Graduate Division of the University of Hawaii In Partial Fulfillment of the Requirements For The Degree Of, Doctor of Philosophy In Political Science. December, 2004.

Delgado Colón, Juan Manuel. ¿Dónde están Nuestros Indios? El Nuevo Día (Puerto Rico). Noviembre 19, 1977.

Fernández Ronald, Los Macheteros. The Wells Fargo Robbery and the Violent Struggle For Puerto Rican Independence, New York' Prentice Hall Press.1987.

Figueroa Mercado, Loida. History Of Puerto Rico: From Beginning to 1892, New York' L.A. Publishing Company. 1970.

Lamourt Valentín, Oscar "Oki". Análsis de las Crónicas de Fray Ramón Pané. No publicado.

Lamourt Valentín, Oscar "Oki". La Virgen del Rosario. No publicado.

Lamourt Valentín, Oscar "Oki". El Último Sacrificio Humano. No publicado.

Lamourt Valentín, Oscar "Oki". Cannibal Recipes. No publicado.

Lamourt Valentín, Oscar "Oki". Diccionario Etimológico de Voces Jíbaro. No publicado.

Swadesh, Mauricio; Álvarez, Marí C.; Bastarrachea, Juan R. Diccionario de Elementos del Maya Yucateco Colonial. UNAM. Coordinación de Humanidades. México. 1970.

Tió, Aurelio. Boletín de la Academia Puertorriqueña de la Historia No. 34, Julio, 1985.

Tió, Aurelio. Lengua e Historia. Colección Mente y Palabra. 1983. Primera Edición. Editorial de la Universidad de Puerto Rico.

Periódicos, revistas y otras referencias

Archaeology and Anthropology 6 (1,2). 1989. *An Arawak-English Dictionary (with an English word list)*. Ministry of Culture and Social Development. Published by the Walter Roth Museum of Anthropology, Georgetown, Guyana, South America.

Revista Surcos Lareños. Núm. 4. Sept.20

Santiago Belausteguigoitia. 2006. *El rostro oculto de Colón.* Cultura. Periódico El Nuevo Día (Puerto Rico). 23 de Julio, 2006.

Entrevistas

Oki Lamourt Valentín. Bo. La Torre, Lares. Falleció en el 2007.

Doña Evangelista Ramos Jiménez, 77 años. Bo. Puerto, Camuy.

Doña Juana Ortega, 91 años. Criada en Bo. Lajita, Barranquitas. Reside en el caserío Res. Luis Lloréns Torres.

Don Félix Montalvo, 84 años. Reside en Barrio Ángeles, Utuado.

Don Héctor Méndez, Bo. Quebrada, Camuy

Don Eladio Méndez, Bo. Puertos, Camuy

Don Abel Del Río, Bo. Quebrada, Camuy.

Don Luis Méndez. Bo. Caguana, Utuado. Falleció a los 96 años.

Don Edelmiro Báez Méndez, Bo. Caguana, Utuado. Fallecido a los 80 años.

Don Pedro. 102 años. Bo. Capiro, Isabela.

Sr. Robinson Rosado, Presidente de la Sociedad Arqueológica CIBA, Inc., Residencial Jaguas, Ciales, Puerto Rico.

Roberto Martínez, Doctor en Arqueología, Director De la Oficina de Arqueología del Municipio de Arecibo.

Mención Especial:
A la Dra. Ana Livia Cordero, quien guió mis primeros pasos en la lucha por entender nuestra realidad histórica, y quien nos proveyó información de primera mano sobre la historia de Luis Muñoz Marín y el Partido Popular Democrático. Su padre, el Sr. Rafael De J. Cordero fue miembro fundador del Partido Popular Democrático, y famoso Contralor del Gobierno de Puerto Rico.

Uahtibili Báez Santiago

135

ESTUDIO DE LA

LENGUA NATIVA BORICUA

El hablar en "Lechi di poti":

Conección e Identidad de nuestra lengua aborigen.

Uahtibili Báez Santiago y Huana Naboli Martínez Prieto

Resumen:

La lengua indígena boricua, denominada por muchos como taina o arahuaca, no ha sido objeto de estudio riguroso hasta el momento. Y según afirma el conocido académico de Historia y Lenguas en Puerto Rico, el Sr. Aurelio Tió, en su libro Lengua e Historia (1983), el estudio de sus orígenes es una "campo poco trillado entre los filólogos en Puerto Rico". Aún así, entre los académicos y estudiosos del tema se ha perpetuado la idea de que nuestra lengua nativa es taina, de origen arahuaca. Y eso es lo que se enseña en las escuelas y universidades del país, aunque no ha habido estudio etimológico y comparativo que valide este planteamiento. Este trabajo presenta parte del estudio etimológico hecho sobre nuestra lengua nativa boricua. Está basado en nuestras investigaciones y en los estudios realizados por el Sr. Oscar "Oki" Lamourt Valentín, investigador, antropólogo y lingüista del pueblo de Lares, quien convivió por muchos años en las selvas del Estado de

I

Chiapas, Méjico, con varios pueblos indígenas mayas, los lacandones, los tzeltales y los tzoltiles. El aprendió estas lenguas y la maya yucateca. El estudio del Sr. Lamourt es el primero y posiblemente el único estudio de la fonología y la etimología de la lengua nativa boricua. En esta ponencia ofreceremos datos y análisis de cómo las voces indígena-nativas fueron transliteradas por los españoles. Además, se aclarará su origen, cómo escribirlas correctamente, y se incluirá entre éstas algunas palabras que aún no han sido incluidas en los llamados diccionarios tainos. También, se mostrará la relación entre voces indígenas usadas en las Crónicas de Pané, las voces llamadas tainas y el hablar en lechi di poti de los jíbaros del centro de la Isla. Presentaremos comparaciones entre los diccionarios arahuaco[1], Maya-yucateco[2], y uno de palabras jíbaro o Xib'al'o-Boricuas creado por el Sr. Lamourt (no publicado aún). Se incluyen nuestros hallazgos como continuidad a los estudios iniciados por el Sr. Lamourt. Presentaremos la forma correcta de cómo escribir y definir voces como: Agüeybana, Boriquén, Boricua, Coamo, Guayama, hamaca, batey, cano, pana, misu, chiba, cuca, sancocho y muchas más. Se evidenciará la conexión jíbaro-boricua-maya.

[1] "Arawak-English Dictionary" (Archaelogy and Antropology 6 (1,2) 1989), publicado por el Walter Roth Museum of Anthropology, Guyana.
[2] Diccionario de Elementos del maya yucateco colonial. Swadesh, Alvarez, Bastarrachea. Centro de estudios Mayas #3. UNAM, Coordinación de Humanidades. México, 1970.

II

Según los estudiosos de la academia, los aborígenes de la isla de Boriquén fueron los tainos, una cultura proveniente de los indígenas arahuacos de Venezuela. Dicho planteamiento no ha sido analizado desde un aspecto lingüístico. Aun así, se ha afirmado que la lengua indígena boricua es arahuaca y así se enseña en los Centros de Estudios sobre el tema. A continuación un listado de algunas voces indígenas denominadas arahuacas, según aparece en el Boletín de la Academia Puertorriqueña de la Historia (Vol. IX, Num.34, 1985, pág. 115).

VOCABLOS ARAGUACOS MAS CONOCIDOS

ABÓN o ABO	Río — Sufijo en nombres de ríos
ABUYE o ABUSE	Mosquito o pulguilla de playa
ANANAS	Piña autóctona, informada por vez primera en el poblado de Piñales de Añasco, como "fruta de la flor"
AJÍ o ASCÍ	Especia
BAGUA	El mar
BATEY	Plazoleta para reuniones y juegos atléticos.
BIBIJAGUA	Hormiga
BIJAO	Especie de plátano silvestre sin fruto, usado para cobijas y cestos
BINHAITEL	Semí
BOJÍO	Choza de madera y paja
BOJIQUE	Agorero
BURÉN	Platón de barro cocido para hornear las tortas de casabe
CABUÍN	Río Caín o Icau
CACIQUE	Autócrata indígena, fuente del dominio de la isla de Carib en las Antillas
CANEY	Bohío común muy grande
CANOA	Embarcación indígena de un tronco de árbol
CABUYA	Cordel de fibra—planta llamada Maguey
CAONA	Oro
CAOBA	Madera a prueba de humedad e insectos
CAPÁ	Madera también muy duradera
CAREY	Especie de tortuga
CASABE (HIBIZ)	Torta seca de yuca; alimento básico
CEIBA	Seiba, árbol para canoas.
CEMÍ (SEMÍ)	Idolo indígena de tres puntas usado por el cacique como oráculo
COA	Palo puntiagudo para sembrar semillas en hoyos.

III

Haciendo un estudio comparativo usando el "Arawak-English Dictionary" (Archaelogy and Antropology 6 (1,2) 1989), publicado por el Walter Roth Museum of Anthropology, Guyana, encontramos que de los vocablos del listado anterior solo dos se repiten en dicho diccionario arahuaco. La palabra canoa (Kanoa) se halló, y su uso conceptual es el mismo para ambos grupos indígenas, boricuas y suramericanos. Pero en el caso de la segunda, cabuya (Kabuya), el significado no es el mismo ni se asemeja. El diccionario arahuaco define kabuya como, un pedazo de tierra usado para la agricultura. Pero para nosotros los boricuas, una cabuya es un cordón o hilo. Es curioso que otras palabras tan comunes e importantes, como: ají, batey, bohío, bohique, burén, cacique, caney, casabe, cemí, ceiba y coa, no aparezcan en el diccionario arahuaco.

Otra voz de importancia es Agüeybana, la cual intentó analizar el profesor de Historia de la Universidad de Puerto Rico, Jalil Sued Badillo, en su libro "Agüeybana, el bravo", publicado recientemente. El Prof. Sued Badillo plantea algunas observaciones sobre la grafía y el significado de esta voz. A nuestro entender las mismas son algo confusas, pues se basan en interpretaciones y transliteraciones del vocablo hechas por los europeos, quienes no entendían nuestra lengua y nuestra concepción

IV

del mundo. Además, su análisis parte de la premisa trillada de que los vocablos nativo-boricuas son de origen arahuaco, lo cual no ha sido validado por estudio etimológico alguno. Según el análisis riguroso realizado por el Sr. Oscar Lamourt Valentín, como parte de un estudio lingüístico, etimológico y fonológico de varios años, y de nuestra propia investigación, encontramos que:

1. la voz Agüeybana no existe en el Diccionario Arawako;

2. esta voz no es solo un nombre, sino que es dado al que le corresponda como titulo hereditario del cacique principal del archipiélago boricua y del pueblo indígena que comprendía las islas del Mar Caribe, y al cual se le conocía también como el Gran Can o "el gran lagarto" (ver Boletín de la Academia Puertorriqueña de la Historia) ;

3. este nombre y título está basado en la mitología y creencias espirituales de nuestro pueblo aborigen;

4. la voz nativa es maya y no arahuaca;

5. su forma no transliterada es **Ah Uay Ban A**,

6. esta voz significa "el señor del aposento del lagarto" (Ah =señor; Uay =aposento; Ban =lagarto; A =el),

7. la simbología presente en la mitología nativa, en cemíes, petroglifos y bateyes convergen o se relacionan con dicho significado (vea láminas adjuntas).

Según hallado por el Sr. Robinson Rosado, el batey rectangular principal del Centro Ceremonial Indígena Caguana en Utuado, conocido como "el batey de Agüeybana", tiene una formación de monolitos que asemejan un gran lagarto, cuyas crestas están alineadas frente a las piedras con petroglifos, y con una gran piedra triangular en un extremo, que parece ser la cabeza y en la que se observan agujeros ubicados de tal forma que parecen ser ojos y fosas nasales. Además, tanto en ese como en otros bateyes del Centro Ceremonial. Indígena Caguana, se pueden observar formaciones de monolitos y calzadas que asemejan grandes culebras. Es importante mencionar que la voz **Ban** puede intercambiarse por la voz **Can**, usada para nombrar a cualquier reptil, sea culebra, lagarto o tortuga, animales totémicos para la cultura indígena del Caribe. En **CANEY**, nombra a la casa del cacique, con forma cuadrada. También se usa para denominar al número 4. Y aparece nombrando a los cuatro hermanitos gemelos o 4 canes, caracaracoels de la mitología indígena boricua, quienes representan la encrucijada, 4 puntos cardinales, 4 elementos (agua, tierra, aire, fuego). Dichos 4 canes y elementos aparecen en el primer escudo del pueblo de Lares, pueblo al que pertenecía originalmente el Barrio Caguana, donde se halla el Centro Ceremonial Indígena Caguana. La gente del barrio Caguana llama al mencionado Centro Ceremonial Indígena por el nombre **Capa**, que significa precisamente **centro** (fotos abajo).

Primer escudo del pueblo de Lares.

Batey principal, "Agüeybana", Centro (Capa A) Ceremonial Indígena Caguana, Utuado.

La voz **Caguana** que nombra dicho Barrio y Centro Ceremonial, nombra a la diosa Madre Tierra, también conocida como Atabey (Ah tah pedz). La representación de la misma se observa en un petroglifo ubicado en el batey rectangular principal del centro.   El análisis etimológico da como resultado que la voz es maya y significa "nuestra diosa madre" o "madre tierra", "madre tortuga" (Ca= nuestra, y su inversión **ac**=tortuga). Para los aborígenes de América y

Del Caribe, la tortuga representa a la tierra. Dicho nombre es CAUANA o CAUAHNA, y debemos notar que en su inversión es ANAUAC o ANAHUAC, diosa maya mexicana.

Pasemos ahora a explicar el origen y significado de la voz, cacique:

-La voz nativa no transliterada es, **C.AH.TSIC.-EH**, y significa, **"nuestro reverenciado señor"** [C =nuestro, ah =señor, tsic-eh= reverenciado]. Se refiere al principal de una casa, o es una posición jerárquica de mayor deferencia.

La Tabla 1 muestra palabras que aparecen en los llamados diccionarios 'tainos', analizadas etimológicamente en el estudio de Lamourt Valentín y por nuestros propios estudios. La mayoría de las voces que aparecen en dichos diccionarios se muestran transliteradas o españolizadas en su grafía y fonología, por lo que la definición dada hasta el momento no representa en muchas ocasiones la definición del vocablo en sí, sino la idea o concepto que representa, o meras interpretaciones o especulaciones. Entre las transliteraciones más comunes están:

1. Uso de la g en diptongos o triptongos existente en los vocablos nativos, como en: Agüeybana,

VIII

Guayama, guaitiao. Guamikeni, Guamani, Guaynabo, Guarionex, guayacán, guacara, guaili, guanín, guatibiri, güiro, y otros.

2. Uso de la h muda para acomodarlo a la escritura en español, como en: hamaca; la forma correcta es: am'ac-a (am=araña, ac=arqueada, –a'=esa), y se refiere a la forma del telar al colgarse, ósea "esa tela de araña arqueada".

3. Uso de j en vez de h, x, ch o k, como en: jabao, jacho, jalda, joya, Jácana, jataca y jíbaro, y otras.

Se incluyen voces indígenas presentadas como de origen arahuaco en el *Diccionario de voces indígenas*, de Luis Hernández Aquino, y el *Diccionario taino ilustrado*, del Sr. Edwin Miner Solá (2002). En este último podemos hallar errores imperdonables e inexplicables. Por ejemplo, la voz Ya-Ya, se define en el diccionario de Miner Solá como sífilis. Pero para muchos abuelos jíbaros, Yaya es el creador. Y para los conocedores del mito de la creación de los mares, tomado de las Crónicas de Pané, Yaya es el dios creador y el padre de Yayahel, creador de los mares y personaje de la epopeya de T-em –i-ban Caracaracol.

* Tabla1: Análisis etimológico de voces nativo-boricuas

Voz transliterada	Voz nativa-no transliterada	Etimología	Definición
Borinquen o Boriquén	Boh.li.kin (según rmapas cartográficos)	Boh=escudriñar; li=primero; kin=sol	"el que escudriña el sol primero"
Boricua	Boh.l'ik.uah	Boh= escudriñar; l=éste (ésta); ik=espíritu; uah= energía, vida	"éste (a) espíritu que escudriña la vida (energía)","hijo del sol"
Atabey, Atabex o Atabeira	Ah.tah.pedz	Ah=persona, ser o señora; tah=dueño (a) de algo; pedz=cuenta y oraciones	"señora de cuentas y oraciones"
areyto	A'l.ay.t'ol	A'l=decir o aconsejar; ay=juntos; t'ol=poner en filas o en orden	"tomar consejo todos juntos en fila y en orden"
bohique o Bojiti	Boh.i.ti.hu	Boh= escudriñar; i= éste; ti=con; hu=Dios	"éste que escudriña con Dios'
naboria	Nab.ol.yah	Nab=ungir o untar; ol=intención; yah=cosa grave o peligrosa	"ungido para la guerra"
Cemi	Dzem-i	Dzem= calmar algún mal; i= éste	"éste que calma algún mal"
Utuado	U.t-o.hau	U=su; t-o= allá, ése, ésa (lugar); hau=partida	locativo de "tierras partidas"

*Del Diccionario Etimológico de Voces Jibaro, de Lamourt Valentín, y del Diccionario Maya-Yucateco.

X

Entre las voces usadas por nosotros los jíbaros hay muchas que se dice son de origen español o africano. Hemos investigado y analizado algunas, usando como referencia el Diccionario Maya Yucateco y los estudios del Sr. Lamourt. Empecemos con la voz, Jíbaro. La voz jíbaro, siendo maya y no arahuaca, no significa "hombre de la montaña", como ha sido definida anteriormente. Este vocablo indígena representa a una etnia nativa milenaria, asentada en el Caribe, no a un criollismo reciente.

Veamos los variantes del vocablo:

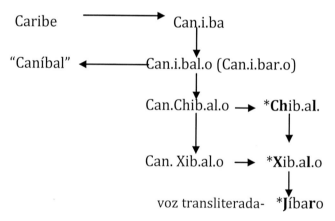

*Nótese que lingüísticamente la **ch** puede intercambiarse por **x** y ésta a su vez por la **j.**

Esta palabra es la ortografía moderna de las palabras Canibaro o mejor dicho en nativo Can.Chib –al – o, Can.Xib-al-o y caribe. Esta voz es la designación eponímica de la herencia y descendencia

XI

del linaje del varón héroe demiurgo, llamado T. em. I .ban ("yo soy el lagarto del mar") Caracaracol (el mayor y el principal), el cual es personaje mitológico, uno de los cuatro gemelos divinos de la mitología indígena. Y el cual es representado en tierra por el "Gran Can", principal líder **Ah Uay Ban A.**

La Tabla 2 muestra otras voces del vocabulario jíbaro analizadas etimológicamente. Se evidencia en su definición, su origen indígena-boricua-maya, según nuestros análisis realizados con el Diccionario Maya-Yucateco y el Diccionario Etimológico de Voces Jíbaro de Lamourt Valentín.

El hablar jíbaro o el acento con lechi di poti es una característica que se le adjudica a la gente de Lares y que ha sido usada como una burla, al igual que el ser jíbaro en sí es ridiculizado por el sistema. Pero estudios realizados por nosotros demuestran que este acento, el uso de la i, se observa en la gente oriunda de la mayor parte de la Isla, y es característico en muchas voces indígenas. A continuación mostraremos una serie de voces nativas en las que predomina la i.

Voces indígena-BORICUAS con énfasis en la i :

Ají , alelí, biminí, birijí, bachi, boquete, cemí, colibrí, coquí, calichi, catey, guailí, guamí, Guanahaní, guanín , guari, guatibiri, Haití, inriri, jiki, macabí, macurí , manatí, maví, moriviví, setí, Vivi

XII

*Tabla 2: Análisis etimológico de voces indígenas XIB'AL'O (Jíbaro)-BORICUA

Voz transliterada	Voz nativa-no transliterada	Etimología	Definición
baquiné	Bak.kin.nech	Bak=envolver; kin=celebración; nech=provisión para camino largo	"celebración de la muerte de un bebé"
batata	Baat.tah.tab	Baat=patas de araña; tah=rama,yerbas; tab=ramal	"ramal que crece como patas de araña"
batey	Bak. te.i ó paa.te.i	Bak=cercar 'recinto' ó paa=cerca de piedras; te= clasificador de cuentas, meses, años; i=éste; ésta	"éste 'recinto' cercado de piedras para las cuentas de meses y años" (calendario)
bejuco	Be.hok.ol	Be=camino; hok=trabar; ol=tallo	"camino trabado"; "tallo que traba camino"
bohio	Boy-i.o ó Boy-o	Boy=sombra, amparo (casa); i.=aquí, éste, ésta; o= ese, aquel	"aquí sombra o amparo"; "aquel amparo"; "ésta casa"
cana, cano	Kan-a, kan-o	Kan=amarillo; -a', -o'=ese (a)	"ese(a) amarillo(a)"
Cangre, cangri	Kan.lik	Kan=fruto, semilla, grano; lik=transplantar	"fruto, semilla que se transplanta"

*Del Diccionario Etimológico de Voces Jibaro, de Lamourt Valentín, y de nuestros propios estudios con el uso del Diccionario Maya-Yucateco.

*Tabla 2: Análisis etimológico de voces indígenas XIB'AL'O (Jíbaro)-BORICUA (continuación)

Voz transliterada	Voz nativa-no transliterada	Etimología	Definición
Cantazo	Can.tah.xot,	Can=culebra, lagarto; tah=hendir; xot=cortar con golpe	"culebra, lagarto que hiende y corta con golpe"
Catey	Kat.ek.i	Kat=preguntar, inquirir, pedir, querer; ek=incordio; i= éste, ésta	"éste (a) incordio (a) que pide, pregunta mucho o molesta"
Compay	Koh.pay	Koh=suplente; representante; Pay=tener obligación	"suplente con obligación"
Cotona	Co'to'na	Co=corteza; to'=envoltura; na=casa, lo material del edificio	"envoltura, corteza de la casa (o de lo material del edificio)"
Cuca	Kux.caz	Kux=morder cosa dura crujiente; caz=antojos	"antojo crujiente" (galleta)
Jalda	Hal.t-a	Hal=orilla; falda de cerro; t-a=tú	"tú, orilla o falda de cerro"
joya	Hoy-a	Hoy=hoyo, agujero; -a'= éste	"éste, agujero"

XIV

Voz transliterada	Voz nativa-no transliterada	Etimología	Definición
Mecha	Mech.a	Mech=lagartija, a=tú	"tú lagartija"
Mizu	Miz.u	Miz=gato; u=tú	"tú, gato"
Mocho	Moch-o	Moch=tullido; -o'=ese	"ese tullido"
Montón	Mol.tom	Mol=juntar; tom=cosa redonda	"juntar cosa redonda"
Muchacho (a)	Box-ah ch'o	Box=negro, moreno; ah ch'o=niño pequeño	"niño pequeño negro o moreno"
Mucho	Much'-o	Much'=muchos;-o'=esos	"esos muchos"
Nigua	Nik.uah	Nik=flor; uah=vida	"flor de vida"
Pana	Ba-anat	Ba=aquel; anat=ayudar	"aquel que ayuda"
Pon	P'un	P'un=ayuda	"ayuda"
Pitorro	Pich.tooc.-o'	Pich=verter cosas líquidas; tooc=quemar; -o'=ese	"ese líquido quema"
Salsa	Dza-l-tza	Dza=dar; -l-conectivo; tza=pelea, pleito, demanda.	"dar una pela (pelea)"
Sancocho	Tsam.kol.chuk	Tsam=consumir comida; kol=guiso espeso; chuk=sopear	"consumir la comida en guiso espeso"
Tala	Tal-a	Tal=ir y venir; a=tú de	"tú, ir y venir"

Como se puede ver del análisis etimológico, son varias las voces del vocabulario jíbaro que se pueden definir con el diccionario maya, y es evidencia de un lenguaje indígena y maya. Regresemos pues al tema del acento del hablar jíbaro. Según, el historiador Don Generoso Morales escribe en el reportaje de <u>El Mundo</u> (1946), el que la gente del pueblo de Lares digan Laris, en vez de Lares se debe a que el nombre viene del apellido de un colonizador europeo del siglo 16, Amador Lariz. ¿Y qué de las otras tantas palabras y frases características de esta gente? "**Di Laris**","**ya usted sabi**", "**subiti**", "**bachi**", "**boqueti**", entre otras. Obviamente, este hecho pasó desapercibido para el historiador. Además, el nombre de Lares también se le adjudicó anteriormente a otro comendador de Lares, Fray Nicolás de Obando. ¡Pero ni uno, ni lo otro! Pues el **dialecto** "**di lechi di poti**" que conocemos y el nombre "di Laris" es el **legado de la lengua indígena nativa** y de su acento.

Así como Lares, hay muchos otros pueblos de la Isla a los que se le adjudican su fundación y nombre a los colonizadores. Sin embargo, cabe recalcar que son demasiados los nombres de pueblos, barrios, ríos, quebradas, lagos, montes, y hasta apellidos que son indígenas, como para pensar que los mismos fueron nombrados por los colonos. Pero, como fue tan repetido y enseñado a nuestros niños que los indígenas fueron exterminados, las mentes de hoy no han podido ver la realidad de la sobrevivencia de nuestra gente nativa, de nuestra lengua y de nuestra cultura. A continuación, mostraremos un mapa con algunos nombres toponímicos nativo-boricuas y una tabla etimológica para los mismos.

*MAPA CON ALGUNOS TOPÓNIMOS INDÍGENA-BORICUA

1-Arecibo   2- Caguas   3- Camuy   4- Coamo   5- Guayama

6-Humacao   7-Jayuya   8-Lares   9-Mayagüez   10-Utuado

*El mapa solo identifica 10 pueblos o municipios con nombres indígenas de un total de al menos 46 municipios con nombres identificados como indígenas en la isla caribeña, llamada actualmente Puerto Rico. Son muchos más los topónimos con etimología indígena boricua-maya, los cuales serán presentados en un trabajo posterior.

*Tabla 3: ETIMOLOGÍA DE ALGUNOS TOPÓNIMOS BORICUAS

Voz transliterada	Voz nativa-no transliterada	Etimología	Definición
1- Arecibo	Al'a'xib'ol	Al=aconsejar; a=éste; xib=varón; ol=intención	"consejo de varón"
2- Caguas	Ca'u'-ax	Ca, inversión de ac=tortuga; u=su; ax=verruga	"tortuga-serpiente"; su verruga se refiere al caparazón de la tortuga.
3- Camuy, Canuy	Can'u-i'	Can=reptil, serpiente, culebra,lagarto; u=tu; i'=aquí	"aquí tu serpiente, culebra o lagarto"
4- Coamo, ciudad de los Baños termales	Co'a'moh	Co=corteza; a=ésta; moh=brasero, fuego debajo de la cama	"ésta corteza con fuego debajo"
5- Guayama, "Pueblo de los brujos"	Uaay.-am-a'	Uaay=brujo;-am (agentivo); -a'=éste, acá	"éste, brujo","acá, el brujo"

XVIII

Voz transliterada	Voz nativa-no transliterada	Etimología	Definición
7- Jayuya	Ha'i-u-'ya	Ha=río, agua; i=aquí; u=tu, su; ya=dolorido, llagado (YAYA)	"aquí, su río de YAYA"
8- Lares	Lal-ech	Lal= vaciar, derramar, esparcir, verter; -ech=tú, pronombre sufijo	"tú, de donde salen o se vierten los manantiales"
9- Mayagüez	Mach' a' u-e'x	Mach=lagartija; a= ésta; u=tu, su; -e'x=ustedes	"ésta, su lagartija"
10- Utuado	U.t-o.hau	U=su; t-o= allá, ése, ésa-lugar; hau=partida	locativo de "tierras partidas"

*Del Diccionario Etimológico de Voces Jíbaro de Lamourt y de nuestros propios estudios con el Diccionario Maya-Yucateco.

Así como nuestra historia ha sido cambiada o mal informada por académicos que basan sus estudios y planteamientos en premisas no validadas, nuestra lengua nativa y forma característica de hablar ha sufrido por los análisis subjetivos o prejuiciados de expertos y literatos de la Academia Española.

XIX

En las obras de los grandes autores del tema costumbrista de Puerto Rico, René Marqués, Enrique Laguerre, Manuel Méndez Ballester y Abelardo Díaz Alfaro, ha sido bien emblemático el uso distintivo de algunas consonantes y vocales en el hablar del campesino, el jíbaro de la montaña. Entre ellas el cambio fonético de H por J, la L por la R, la R arrastra y la I por la E, como en lechi di poti. Esta no es la primera vez que se discute este tema, pues ha sido tocado por muchas personalidades del quehacer cultural puertorriqueño, escritores, poetas, literatos, y otros. Pero casi nunca por lingüistas o expertos en el tema, lo que los ha llevado a conclusiones interpretativas y subjetivas. Al momento no se han hecho estudios lingüísticos o etimológicos sobre la lengua que hablamos, y los que han sido hechos aún no han sido reconocidos entre los académicos. De hecho, el español que hablamos los boricuas, se conoce como un español malo, porque deformamos las palabras con el uso de vocales y consonantes que no van en acorde con el español aceptado por la Academia. Como ha sido la costumbre histórica en los países intervenidos por imperios extranjeros, la verdadera historia y cultura del pueblo nativo ha sido proscrita, desautorizada y tergiversada, por lo cual las tradiciones y culturas nativas no existen, y cuando son evidentes, son producto del rechazo y de burlas, como lo ha

XX

sufrido el jíbaro nativo. Este es el caso de la deformación de las palabras del español impuesto, al intercambiarse consonantes o vocales por aquellas predominantes en el hablar del indígena nativo, como es el caso del hablar lechi di poti, o del cambio L por R, o su arrastre o "mala pronunciación". Estos rasgos de nuestro hablar boricua se lo han querido adjudicar a la presencia de extranjeros en nuestro país, a españoles, africanos, árabes, franceses, italianos, irlandeses, entre otros. Actitud algo extraña, cuando entendemos que estos grupos han representado una minoría en nuestro pueblo. Pero entendible, si creemos la premisa trillada de que la población nativa fue "exterminada". Según el estudio lingüístico de Carolin Graml, estudiante de doctorado y lingüista alemana, 85% de la población boricua presentó la característica del arrastre de la R, y no se relacionó la misma a franceses ni a africanos (Periódico Primera Hora del Jueves 16 de abril de 2009). De hecho el estudio de Graml mostró un mayor porcentaje en las áreas centro/sur, este, y oeste, en comparación con el área metro. Esto converge con la realidad de la conquista. Si nos hemos criado en la isleta de San Juan, o áreas adyacentes hemos sido más influenciados por ese español de Castilla. Pues es allí donde se asientan y fundan su ciudad los españoles. Pero no podemos seguir perpetuando los errores de los colonos de la época, que en

XXI

sus deseos de proseguir con su Conquista y para ellos conseguir la ayuda de la Corona Española, decidieron informar que en esa isla ya no había indios naturales. Pero eso solo fue en su pequeña isla, la isleta sanjuanera. Por eso hacemos distinción, cuando decimos "voy pa' la Isla" nos referimos a la Isla grande. Y es la Isla Boricua, la que habita la mayoría de los boricuas y como descendientes de los aborígenes y nativos, todavía llevamos en nuestros genes y en nuestro hablar la realidad histórica que los colonos e inquisidores han tratado de ocultar, anunciando un supuesto exterminio. Pero como esa vegetación que talaban y que regresaba impidiéndoles adentrarse a la Isla, así somos los boricuas. Es importante señalar que nuestros planteamientos están basados en estudios realizados por nuestra organización desde una perspectiva nativa, y que son estudios comparativos y multidisciplinarios, que incluyen estudios en áreas como la historia y la tradición oral, y que invalidan el contra-argumento del exterminio indígena usado por Graml para rechazar que la R Boricua proviene de la lengua indígena nativa. Según este dato histórico muy trillado entre historiadores y antropólogos: "Al cuarto de siglo de la conquista de la Isla, la población indígena había desaparecido". Ciertamente es excusable que dicha lingüista siendo alemana haya usado esta aseveración para rechazar que el arrastre de la R provenga

XXII

de la lengua materna, la indígena. Es obvio que la investigadora no conoce de nuestra cultura y lengua boricua, que no sabe del sinnúmero de vocablos indígenas que hoy perduran, ni conoce de las investigaciones más recientes sobre lengua e historia boricua. Estudios lingüísticos recientes han demostrado que la población indígena no desapareció como dijeron los primeros colonos, y como aún afirman los académicos. Sería ilusorio pensar que dichos colonos pudieron guardar en su memoria tantos vocablos indígenas para nombrar pueblos, barrios, ríos, utensilios, herramientas, instrumentos, apodos y hasta apellidos que todavía hoy existen como el de los Cuba, Cabán, entre otros. De hecho según análisis objetivos de los informes del Cabildo de la ciudad de San Juan de Puerto Rico (1527-1550), los españoles enfrentaron muchas dificultades para establecerse en sus villas o enclaves, la isleta de San Juan y Villa de Sotomayor en Aguada, la cual al ser destruida en la guerra de los caribes liderada por Agüeybana, el Gran Can, pasó a llamarse Villa San Germán. Es incomprensible que los historiadores hayan malentendido lo que para nosotros está muy claro en dichos informes. Que cuando dicen que "los indios naturales han desaparecido prácticamente", solo se referían a aquellos que vivían en sus enclaves. Y es que para esa época no pudieron adentrarse a lo que ellos

XXIII

llamaban Tierra-firme, ósea la Isla grande, por la vegetación espesa y por ser ésta la tierra de los temidos caribes. Recientes estudios genéticos y lingüísticos indican que la población indígena no fue exterminada y que aún sobrevive en el boricua de hoy. En un estudio realizado por varios años en diferentes pueblos del centro de la Isla, por el Sr, Oscar Lamourt Valentín, antropólogo y lingüista lareño, encontró que el hablar del jíbaro, lo que se conoce como el español malo o el hablar en lechi di poti, es el residuo de nuestra lengua indígena nativa y de su acento, que solo fue extinguida en los libros de historia como los indios que la hablaban.

LA R BORICUA NO ES VULGAR, así decía la portada del Periódico Primera Hora del jueves 16 de abril de 2009. Y he ahí la clave oculta para la respuesta a las preguntas de Carolin Graml. Y es que LA R BORICUA NO ES VULGAR, ES ÉTNICO-CULTURAL. Datos lingüístico-etimológicos recientes señalan que la dificultad en pronunciación, el cambio u omisión de la R, está relacionado a la lengua indígena boricua. Según los estudios de Lamourt Valentín, de Uahtibili Báez y Huana Naboli Martínez, de MOVIJIBO, muchos de los vocablos indígenas que hoy conocemos han sido transliterados o españolizados en su fonética y escritura. Ese es el caso de voces indígenas que hoy se escriben con R, pero cuya fonética original no llevaba R sino L. Empecemos por Boriquén o Borinquen, el nombre de nuestra Isla. Los estudios demuestran que este nombre es una transliteración del vocablo original BOH'LI'KIN, que en nuestra lengua significa "escudriñar el sol". Como podemos ver este vocablo no lleva R sino L, y al igual que éste son muchos más los que han sido transliterados por el contacto con el español. Es de entender entonces que lo opuesto también ocurra con la lengua española, siendo un rasgo de la lengua indígena el uso de la L y no de R. Más al entrar en contacto con el español las voces nativas fueron transliteradas. Luego por medio de un proceso de re-educación dirigido por instituciones de la colonia, prevalecieron las voces españolizadas. Y como parte de un proceso educativo que desautoriza lo nativo, se corrige, hasta en tono de burla, al niño, al jíbaro. A continuación una lista de palabras indígenas que sufrieron dicha transliteración o cambio de L por R:

ARECIBO de AL'A'XIB'OL; GUARI (GUARE) de UALI;

AREYTO de AL'AY'TOL, GUARIONEX de UALI'ON'EX;

BURÉN de BUH'LE'HEM; GUATIBIRI de UAH'TIBIL'I;

CANGRI (CANGRE) de KAN'LIK ; GÜIRO de UIL'O;

CIMARRÓN de ZIN'AL'ON; SORUMA de DZUL'U'MA;

MARACA de MA'L'AC'A; TURE de T'UL'ECH;

MAROYA (luna) de MA'L-O'U'YA ; NABORIA de NAB'OL'YAH

JÍBARO de XIB'AL'O o CHIB'AL'O; BORICUA de BOH'L'IK'UAH.

Son estas últimas dos palabras, **JÍBARO BORICUA**, las que definen nuestra identidad étnica, y a la que debemos nuestro hablar y nuestro vocabulario característico.

Resumiendo;

• El estudio etimológico-lingüístico realizado por el Sr. Oscar Lamourt Valentín es el primer estudio de ese tipo realizado en relación a la lengua indígena boricua. Este trabajo es la continuidad de su legado.

• Aunque, afirmamos que la identidad cultural no se puede medir con la Genética; cabe señalar que los estudio del DNA mitocondrial, realizados por el Dr. Juan Carlos Martínez Cruzado, confirman este hecho. La mayoría de los individuos boricuas analizados tuvieron una DNA-mitocondrial con haplotipo similar al indígena proveniente de Centroamérica. Esto establece un conflicto con respecto a la identidad del nativo boricua que se ha establecido y enseñado como "taina-arahuaca" y como provenientes de Suramérica. No negamos las posibles migraciones Suramérica-Borikén; ni el intercambio lingüístico que pudo haber, como parte de las relaciones entre los pueblos del Caribe. Pero, afirmamos que la cultura mayoritaria y prevaleciente en Borikén no era una arahuaca.

XXVI

- Los resultados de los estudios de Lamourt y de los nuestros apuntan a una relación de la lengua indígena boricua con la lengua maya, específicamente la maya-yucateca. Siendo el aspecto de la lengua nativa uno de suma importancia para establecer la identidad étnica de un pueblo, y viendo la estrecha relación de la lengua indígena boricua con la lengua maya-yucateca; afirmamos que:

1. Nuestra lengua nativa es una maya, más relacionada a la maya-yucateca.

2. Nuestra cultura indígena boricua presenta una historiografía maya, no una "taina-arahuaca", como se ha planteado.

3. La palabra que nos identifica como pueblo, como etnia, no es el vocablo "arahuaco" taino, sino la voz jibaro, transliteración de Xib'al'o y Can'xib'al'o*. Y como gentilicio la que nos ha identificado y que con tanto orgullo usamos, la voz borikua, transliteración de bohlikuah. (*La voz, Q'anjob'al, etnia y lengua maya de Guatemala, pudiera ser una variante. http://en.wikipedia.org/wiki/Q'anjob'al language#Phonology.)

Ambas voces, jibaro-boricua, han prevalecido en la memoria del pueblo, mucho antes de que los académicos y estudiosos del tema comenzaran a usar la voz taino para referirse a una cultura extinta, como parte del surgir de la nomenclatura clasificatoria de restos y hallazgos ancestrales, y de una arqueología que separa unos períodos de otros, como si la historia de los pueblos funcionara defragmentada, no considerando la obvia transformación de los mismos. Dicha transformación ha ocurrido en nuestro pueblo indígena Can'XIB'AL'O BOH'LIK'UAH, a lo que somos hoy como jíbaro-boricuas. Un pueblo, ahora tecnológico, pero en el que decimos pana, chota, cantazo, misu, sancocho, compay, di lechi di poti, y subiti mijo a la guagua aérea, que aunque nos llevó a la gran metrópoli y a la diáspora, no nos han quitao el legado de nuestros abuelos y abuelas, jíbaros de bohío, de pava, de maíz, de yuca y casabe, y todavía con orgullo afirmamos en estribillo que somos "BORICUAS de pura cepa".

Para finalizar, exhortamos a todos los académicos y estudiosos del tema a hacer el compromiso de buscar e investigar nuestra verdadera historia, y a no seguir sosteniendo la falsa de la extinción, del origen arahuaco del nativo y del supuesto criollismo del jíbaro boricua. Nosotros y el Movimiento Indígena Jíbaro Boricua continuaremos con el estudio lingüístico-etimológico, que da continuidad a los estudios iniciados por el investigador Oscar "Oki" Lamourt Valentín, y que él mismo nos delegó. Contamos con la colaboración de la Prof. Consuelo Roque, Licenciada en Literatura, Catedrática Universitaria del Depto. De Letras la Universidad de El Salvador,

XXVIII

investigadora de lenguas indígenas y escritora de libros didácticos, cuentos y Cartillas de Enseñanza de lenguas indígenas (nahuat, lenca, entre otras). Estamos en la disposición de dar a conocer a otros que tengan el genuino interés de conocer sobre dichos estudios.

"SU IDIOMA ES LO QUE LES PERMITE FORMAR UN PUEBLO"
"MIENTRAS CONSERVEN SU IDIOMA, ELLOS (LOS INDIOS)
NO PODRAN ASIMILARSE"
-1895 Reporte Anual Ministerio de los Asuntos Indígenas-

Si desea apoyar el proyecto investigativo sobre la lengua indígena Borikua,

ESTUDIO DE LA LENGUA XIB'AL'O (JIBARO)-BORICUA

DICCIONARIO XIB'AL'O (JIBARO)-ESPAÑOL Y ESPAÑOL- XIB'AL'O

Puede enviar su donativo o comunicarse con nosotros a:

MOVIMIENTO INDIGENA JIBARO BORICUA

Uahtibili Báez Santiago

HC-02 Box 7529 Camuy, P. R. 00627

Téls. (787)- 906-7915

Contactos: Uahtibili Báez, Huana Naboli Martínez

e-mail: movijibo@yahoo.com

http://www.guajataka.com/movijibo.html ;
Facebook-grupos-MOVIJIBO

LA GRAN MENTIRA

ENTREVISTA A UAHTIBILI BAEZ Y HUANA NABOLI MARTINEZ

DEL MOVIMIENTO INDIGENA JIBARO BORICUA

por Carolina Caicedo, artista y escritora colombiana

Conocí a Uahti, a Huana y a su hijito Yumac en el festival de la Hamaca en San Sebastián el año pasado. Me acerqué a ellos atraída por el retador título del libro que ofrecían entre sus artesanías: "Puerto Rico: la gran mentira". Al preguntar, me informaron que el libro era de su autoría, donde planteaban que los nativos puertorriqueños no son tainos, si no can'xi'ba'los o jíbaros; que no vienen de los Arawakos de Suramérica, si no de los Mayas de Mesoamérica; y que no están extintos, si no que permanecen en cuerpo y alma, y a través de una cantidad de hechos culturales y sociales en el Puerto Rico de hoy. Sin pensarlo dos veces les compré el libro, y prometí seguir en contacto. Me fascinó que no tuvieran temor de contradecir la historia oficial, y el hecho de que se afirmaran como indígenas nativos, además de su carisma y amabilidad. Siempre pensé que los supuestos 'tainos' habían sido exterminados, pero en ese momento me resultó inspirador saber que tenía un indio Jíbaro en frente, alguien que cargaba genética, cultural e ideológicamente la historia nativa de Borikén.

Carolina: Uahti, hábleme de tus antecedentes, donde naciste, en que momento te vinculas a la causa indígena, cuando conoces a Huana y comienzan MOVIJIBO.

Uahtibili: Mi nombre es Uahtibili Báez, soy nativo de Utuado, aunque por una casualidad nací en San Juan, en el barrio el fanguito, pero soy del barrio Caguana en Utuado. Desde nene siempre mis padres me dijeron que era indígena, que éramos indios, nos conocemos como una

XXX

familia indígena allá en Caguana. Y desde nene siempre he estado dedicado a tratar de promover y dar a conocer que en realidad somos indígenas y que no desaparecimos. He estado envuelto en montones de organizaciones políticas e indigenistas por muchos años. Existen muchos grupos indigenistas que dicen que son tainos y otras clases de indios, y he estado vinculado con ellos y con algunos grupos políticos, independentistas y cosas así. Más recientemente he estado más de lleno en organizaciones indigenistas, y hace 4 o 5 años conocí a Huana... Ya tenía una organización llamada Kassabe[1], una organización indigenista que trabajábamos en diferentes áreas. Y entonces hicimos lo que se llamó el Grito de Caguana que fue una demostración en Caguana en Julio 25 del 2005.

C: ¿Porqué Julio 25?

U: Es una fecha especial porque en Puerto Rico se celebra el 25 como el día de la Constitución del Estado Libre Asociado, como el día del Estado de Puerto Rico, además también se celebra la llegada de los gringos, de los americanos, por Guánica. Para nosotros es un día simbólico, queríamos una celebración que fuera a antítesis de estos hechos colonizadores. Estuvimos casi un mes completo haciendo la demostración, posteriormente nos arrestaron, tuvimos un año de juicio, salimos bien con el caso. Pero a Huana ya la había conocido antes, nos conocimos en Jayuya, en una feria artesanal, porque yo soy artesano hace muchos años, y me acuerdo que nos vemos otra vez en Maricao, donde nos envolvimos, participamos

---

[1] Entre las actividades de Kassabe se destacan los superhéroes Kassabe que luchan a favor de la ecología. En la época de los españoles un grupo de indígenas escapan y se refugian en el corazón del Yunque, donde el Bohique dorado les da de comer un casabe mágico que los haría despertar en el año 1999. Los héroes son Guarionex, cacique aguerrido de Boriken; Surey, hija del sol; Juracán, dios de la tempestad; El Bohique, líder espiritual de los kassabe; La Jutía Mágica, animal extinto que acompaña a los superhéroes en sus aventuras; y la contraparte maligna Rozapi, destructor del medio ambiente que quiere eliminar a La Jutía.

juntos en el Grito y llevamos 3 años ya. Tenemos un hijo de dos años (Yumac). En cuanto al movimiento, rápido que salimos de Caguana re-hice un contacto con un investigador llamado Oskar Lamourt Valentín, antropólogo y científico de Lares, un lingüista bien famoso. Nos acercamos y empezamos a hablar sobre unos estudios que había hecho sobre las generalidades de nosotros como pueblo. No lo que enseñan en la escuela ni el Departamento de Educación del Estado de Puerto Rico, sino otros estudios que había hecho, que anteriormente me había hecho llegar. Pero sólo es hasta este momento que estrechamos la relación y de ahí surge crear un movimiento diferente a lo que ya había hecho anteriormente, a los movimientos tainos y eso. Y de ahí es que surge MOVIJIBO, Movimiento Indígena Jíbaro Boricua.

C: Huana, ¿tú también vienes de familia indígena?

Huana Naboli: Mi mamá nació en el fanguito, mi abuela materna se crió en Santurce y vivió un tiempo en Jayuya. Mi abuela paterna que es la que mencionamos en el libro, se crió en el Barrio Lajita de Orocovis, mi abuelo se crió en Barranquitas, que antes era Orocovis. Ella bajó en la época que muchos jíbaros emigraron del campo a la ciudad, buscando una mejor forma, un canto donde poner su casita, porque vivían como agregados. Se construyeron comunidades como el fanguito. Cuando el fanguito se quemó, muchos fueron trasladados a los residenciales, muchos pararon en el caserío Luis Lloréns Torres, el primero y el más grande, y allí fue donde yo me crié. Era un ambiente de comunidad bien unida, donde todo el mundo comparte, los abuelitos juegan dominó, los nenes descalzos jugando trompo, gallito, canicas. Si alguno le faltaba algo, el otro siempre le proveía. Una visión muy diferente a la que muestran en televisión de lo que es el caserío, como un lugar peligroso de criminales. Tal vez para la gente de afuera, pero no para los que han vivido allí por tanto tiempo y que ve al vecino como parte su familia, y como una hermandad. Se hace muy difícil para la gente criada en el caserío salir de allí. Se han mantenido familias por generaciones viviendo, porque ese ambiente familiar y comunitario no se lo provee otro lugar. Esto yo lo asemejo a lo que era la comunidad indígena ancestral, donde todo el mundo estaba junto, todos los niños con todo el mundo. Los caseríos y las barriadas son lo que más se asemejan a los clanes indígenas ancestrales. Viéndolo así yo me crié de una manera, que aunque de niña no me dijeran que era indígena, es la forma actual que más se asemeja a la crianza indígena ancestral. Me recuerdo de mi mamá que curaba a todo el mundo con teses y con plantas, ella me llevaba a una curandera para torceduras de pie, empachos del estómago. Hay una serie de tradiciones que tiene que ver con la raíz indígena. Mi abuela se maquillaba los cachetes con achiote.

C: ¿Cómo te vinculas a MOVIJIBO?

H: Como adulta me cuestiono, y comienzo una búsqueda de mi identidad. Luego de conocer Uahti, confirmo que la realidad no es la que se nos ha repetido desde pequeños, si no que somos un pueblo que nuestra base cultural, nuestra identidad cultural como pueblo, es indígena. Y aunque haya habido cierta mezcla con el europeo, no solamente españoles, esta no fue suficiente como para cambiar la identidad de nuestro pueblo. Tuvimos una mezcla con el africano también. De hecho, nosotros pensamos que la mezcla con el negro fue mayor, por la misma situación en la que se encontraba el esclavo. Cuando se escapaban terminaban albergados por las comunidades indígenas existentes en el país. Y muchas de las mezclas con europeos fueron a la fuerza. Españoles que se robaban mujeres indígenas para hacerlas su mujer. Hoy me dedico a promover nuestra identidad real como pueblo, y a luchar por que se nos reconozca nuestro derecho constitucional a hacer nuestras prácticas.

C: ¿Cuál es la situación legal para hacer sus practicas?

U: El estado no reconoce los indígenas, dice que no existen, por tal razón los centros ceremoniales y espirituales son museos, y no templos para practicar. Por eso no dan permiso para hacer prácticas. Nosotros seguimos haciendo nuestros prácticas espirituales. El espiritista de hoy, es el antiguo chamán de nosotros. Los curanderos, las manosantas. Más recientemente mucha de nuestra gente están comprando fincas, haciendo sus propios círculos sagrados, haciendo sus propios bateyes, y están volviendo a hacer sus prácticas espirituales ya en su propio centro ceremonial.

H: Al prohibirnos usar los centros ceremoniales, en específico el centro ceremonial de Caguana, al no reconocer nuestras prácticas espirituales, el estado está violando el derecho básico constitucional a la libertad de culto y libertad de credo. Una vez el Instituto lo adquirió, se nos prohibió la entrada. De hecho las últimas abuelitas en hacer prácticas en ese batey, previo a la posesión del Instituto, fueron la abuelita de Uahti y su tía. Todavía la comunidad las recuerda como las curanderas, las parteras, las que hacían las manitas de azabache y los coy a los niños. Las prácticas en Caguana eran a escondido, por los efectos de la inquisición. Digo yo que todavía sigue la inquisición en los tiempos de la democracia, pues todavía este lugar lo tienen arrestado. Un pueblo colonizador que quiere imponerse a otro pueblo, cuya base es una base espiritual, lo hace precisamente arrebatando esa base espiritual. Lo primero que hicieron fue eso, entrar con la inquisición para quitarnos nuestras creencias nativas y a la fuerza someternos al cristianismo. Esto existe todavía cuando manifiestas que consultas a espiritistas, o que eres espiritista, o dices que tienes unas creencias espirituales diferentes al cristianismo. ¡Eso es del diablo!, la gente dice, estos son los residuos de la inquisición.

C: ¿Cómo se manifiesta esta base cultural indígena en el Puerto Rico de ahora?

XXXIV

U: Por ejemplo la forma que siembran los agricultores, siguiendo las fases de la luna, es la forma en la que lo hacían los indígenas. Hay un práctica del campo, en donde se le da gracias a la madre tierra, que aquí le llaman el rosario cantao, eso tiene que ver con los calendarios de los solsticios y los equinoccios. Se celebra de septiembre a diciembre, se dan gracias por la cosecha. Se disfraza con el rosario cantao como una costumbre católica, pero en realidad se agradece a la tierra, usando un collar de cuentas como sistema para desenvolver la historia. Personas de todas las edades practican el espiritismo, sean católicas o evangélicas. Consultan espiritistas para que les saque un brujo, para que les ayude, esta es una práctica indígena. También la tradición de los reyes magos. Según nuestras creencias nosotros somos hijos de 4 hermanos, uno que primero estaba solo y tres que vienen juntos que se llaman los tres canes. Para nosotros los tres canes son los tres reyes magos. En Junio celebramos el solsticio de verano, que aquí se disfrazó con el día de San Juan, del 23 al 24, pero que todos los pueblos indígenas de América lo practican el día 21, el día mas largo del año. Según nuestras creencias, ahí se da gracias al padre Sol, el día donde nos alumbra por más tiempo. Es una práctica milenaria. El poner apodos es muy común en Puerto Rico, casi todos los apodos tienen significado indígena. Tienen que ver con nuestra mitología y nuestras creencias espirituales. En mi caso me decían chino cuando nene, mucho piensan que tiene que ver con los chinos, pero nada que ver, chino viene de la palabra chin' que en nuestro idioma significa pequeñito, yo era bien chiquito, y de 'no que significa este o aquel, 'este pequeñito'. Tenemos chico, cuqui, yayi, o cano que significa amarillo.

C: En el libro nos ofrecen una historia alternativa a la oficial que habla de la desaparición de los tainos. Ustedes plantean que los nativos eran can'xibalos, jíbaros, y que no han desparecido, ¿en qué estudios se basan para esto?

U: El historiador Oskar Lamourt, más conocido como Oki, es la persona que hace los estudios. Según explicamos en el libro, Oki estuvo viviendo en Chiapas, y al oír los cuentos del camino de los indígenas de Chiapas, se dio cuenta que lo había escuchado anteriormente, en su casa, se lo habían contado los papas y su familia en Lares. Al regresar a Puerto Rico comienza a hacer estudios en todas las áreas de nuestra vida, tiene estudios en lengua, antropológicos, sociológicos, trabajos de campo en la historia, simbología, pero especialmente en el lenguaje de los indígenas al momento del encuentro entre Colón y el Caribe. En su estudio "Análisis de las Crónicas de Fray Ramón Pané", estudia la terminología, la etimología y la forma de hablar de los indígenas de Santo Domingo en 1493. Al comparar las historias y terminologías descritas por Pané, con las historias y palabras de los indígenas de ahora- los jíbaros, las historias que le contaban sus padres, las recogidas por el mismo durante sus viajes a Chiapas y su contacto con los indios Lacandones y otras etnias mayas, Oki encuentra abundantes lugares comunes. Al regresar a Puerto Rico, Oki comienza a estudiar la historia oral, y la primera persona que le refieren es una abuelita llamada Carmen Rivera, que en ese momento tenía 127 años. La señora había sido participe del Grito de Lares en 1868, se decía que había ayudado a Mariana Bracetti a bordar la bandera. Su familia le advierte que ella habla en jeringonza y un montón de disparates. El la entrevista y ella se rehúsa a contestar, pero cuando el decide a hablarle en lenguaje nativo, en lenguaje indígena, ella reacciona y le conversa, y él cae en cuenta que la señora estaba hablando en lenguaje indígena.

C: ¿O sea en lenguaje Can'xibalo?

H: Como él había estado en contacto con los mayas quetzales y lacandones, y la lengua de ellos es bien similar a lo que es la lengua nativa de aquí, pues entonces él pudo comunicarse con Carmen Rivera usando la lengua maya.

U: La lengua maya tiene una raíz básica en todas las etnias, creo que son 35 etnias, que comparten esas bases. En el caso de los lacandones, los quetzales y los yucatecos pues es bien cerquita, bien cerquita al lenguaje nativo de nosotros. Aunque plantea Oskar, que el de nosotros aparenta ser más antiguo que el de ellos, aparenta ser el más antiguo de la lengua maya.

C: ¿Esto quiere decir que del Caribe salieron los indígenas que poblaron la región maya en Mesoamérica?

U: Bueno, la experiencia de Oki, es que la gente le dice allá: "Tu vienes del pueblo de donde nace el sol, de donde nació la vida". Y de hecho hay una leyenda que aparece en un libro que compila las leyendas Aztecas donde se menciona que el comienzo de la vida fue en el Caribe, en estas islas.

C: Esto se opone radicalmente a la teoría oficial de que los Tainos, y otros habitantes del Caribe, provienen de la etnia arawak proveniente de Suramérica.

U: Nosotros tenemos acceso a un diccionario de la lengua Arawaka, y tenemos acceso a un diccionario Maya-Yucateco[2]. Hemos hecho investigaciones en ambos, y hemos encontrado solo UNA similitud entre nuestra lengua nativa y la lengua Arawak. La palabra es Canoa, y no es exacta, solo hay una similitud.

H: Cuando uno se pone a leer este diccionario Arawak, las palabras no tienen ningún tipo de relación con las palabras que usamos diariamente que son indígenas. Las que conocemos como indígenas y aún las que pensamos que no son indígenas, que son vocablos nativos. Oki ha sido el único que ha realizado este estudio etimológico, que analiza las raíces, de lo que significa cada raíz que compone nuestra

---

[2] Diccionario de Elementos del maya yucateco colonial. Swadesh, Alvarez, Bastarrachea. Centro de estudios Mayas #3. UNAM, Coordinación de Humanidades. México, 1970.

lengua nativa. Ninguna de las personas que han escrito diccionarios que se refieren a los vocablos indígenas, que llaman vocablo indígena taíno, ninguno de los grandes académicos que han escrito libros sobre historia y lengua de nuestra isla, ninguno ha hecho un estudio etimológico. Y así ellos mismos lo han dicho, Aurelio Tío en su libro de historia y lengua, confirma que no se ha hecho ningún estudio etimológico de nuestra lengua. Y lamentablemente parece que no les interesa indagar más allá, porque lo que se ha hecho realmente es ocultar, ocultar una realidad. En esta primera investigación etimológica realizada por Oskar Lamourt, el concluye que el vocablo indígena nativo es un vocablo maya, encuentra el significado real de muchas palabras yendo a la raíz misma, utilizando el diccionario Maya-Yucateco. Muchas de las palabras que utiliza nuestro jíbaro es la lengua del nativo. Y nosotros en nuestras investigaciones hemos corroborado eso, buscando palabras que escuchamos por ahí, como nombres de los pueblos. Por ejemplo el pueblo de Coamo, no como lo escribimos hoy día, si no en sus sílabas coa-mo, buscamos estos vocablos sin ser transliterados, y al unir estas raíces y sus significados, el significado final es lugar o cama que por debajo tiene fuego. Y nos hace mucha lógica pues el pueblo de Coamo es reconocido por sus baños termales, que precisamente es la zona más turística. Y así mismo, nos hemos encontrado con muchas otras palabras que nos hacen mucha lógica en términos de su significado y lo que es en realidad el lugar o la utilidad que tiene cierto objeto.

U: Quiero volver al análisis de las crónicas de Pané que hizo Oki. Además de la parte del lenguaje, Pané menciona la mitología, los indígenas le hablaron de la mitología. Oki se da cuenta que la mitología compilada por Pané hace 500 años atrás, todavía la gente de las comunidades, de los campos la hablan. Esta mitología todavía está viva en la comunidad. Esto es bien importante. Los pueblos centroamericanos, los mayas, creen todos en una serpiente emplumada. Los aztecas la conocen como Quetzlcoatl, los guatemaltecos la conocen como Kukulcán, otra gente maya la conoce como Lucumac, y aquí se conoce como Temibán. O sea todas hablan de una serpiente emplumada de colores, solamente que la de aquí es una serpiente emplumada de siete cabezas, siete lenguas y los siete colores del arco iris. Y ven esta deidad como el comienzo de toda esta gente. Y aquí creemos igualito, nuestros abuelos cuentan que la serpiente baja a beber agua al río en forma de arco iris, hay muchas leyendas y mitologías de esta serpiente. Esto nos vincula increíblemente con los pueblos mayas. Además también he visto unas comparaciones de dioses y deidades, como la mujer o madre tortuga de los indios Lacandones y Quetzales con los dioses de nosotros los Jíbaros, que nos une muchísimo.

C: ¿Porqué creen que el sistema, la historia, se dio a la tarea de ocultar esta realidad?

U: Hay muchas teorías y muchas interpretaciones. Tras estudiar muchos años, llegamos a la conclusión de que por alguna razón no se quiere que sepamos quienes somos, recuerda que nosotros somos un país que es una colonia, primero de los españoles, que no era tan colonia como lo plantean ellos pues solo tenían unos enclaves.

H: Pero al mundo exterior le hacían ver que controlaban la isla, por su propia conveniencia, porque recibían ayuda de España para seguir establecidos aquí.

U: Creemos que Puerto Rico es un punto geográfico importante, que incluso nuestra gente lo decía: Puerto Rico es el eje del mundo, donde está el centro de la tierra, lo decían nuestros ancestros. Y entonces desde aquí se puede tener control a nivel mundial, a nivel del globo terrestre y también pensamos que a nivel de la galaxia, desde aquí se puede controlar mucho. Y pensamos que para los gringos en este momento es importante para experimentos, para montones de estudios. Por ejemplo cerca de Lares está el observatorio de Arecibo, y aquí hacen muchas pruebas, en el Yunque mismo. Sabemos, que lo saben ellos, que si el pueblo descubre que en realidad no desaparecieron, que los indígenas estamos aquí, que pelearon, que ganaron la guerra del 1500 cuando llegaron los españoles, esto nos daría fuerza, y lucharíamos por ser un país independiente, creemos que no quieren que seamos un país independiente.

C: ¿Tu crees que la tergiversación de la historia es una forma de debilitarnos moralmente?

U: Sí, seguro, y no solamente en Puerto Rico, en toda América dicen que los indios desaparecieron de aquí, desaparecieron los Mayas, desaparecieron los Incas...

H: Supuestamente desaparecieron pero se les ve en parte en la cultura, no siguen como un gran imperio, pero la cultura sigue ahí. Las comunidades indígenas siguen ahí y muchas de ellas siguen incluso haciendo prácticas y vistiendo como ancestralmente vestían. De hecho, los Lacandones hasta los otros días no había entrado realmente el blanco a esa comunidad. Ellos visten todavía en su cotona, de hecho usan la misma cotona, que nosotros usábamos.

U: Ese es otro punto, los Lacandones usan una túnica, que es una cotona. Lo que me cuenta mi papa y mis abuelos es que nosotros usábamos esa misma pieza.

H: Y el cabello los hombres también lo usan largo.

C: Mientras los arawaks se lo cortan, ¿no?

H: Sí. Eso es otra cosa porque el nombre Arawak no tiene que ver con la etnia, sino con una familia más general.

U: Se dice que los arawakos vienen de los Loconos, el tronco verdaderamente principal.

H: Es como dicen, que antes de los tainos vienen los pre-tainos, y antes de ellos los arcaicos. Eso son nomenclaturas

XL

arqueológicas que realmente en mucho de los casos no corresponde al nombre étnico del pueblo. Y eso es lo que ha pasado, se han nombrado de acuerdo a hallazgos arqueológicos, fue Luis Villá que comenzó con esta nomenclatura y descripción lineal basándose en hallazgos, diferenciando distintos grupos indígenas, que eran simplemente diferentes etapas. Esto es algo que hacen los arqueólogos, pero es algo que se sale de la realidad de cómo funciona el ser humano. Porque ellos separan linealmente los grupos de acuerdo a las variaciones de su cerámica y sus utensilios, pero muchas veces se encuentra nuevas formas de hacer las cosas, no quiere decir que ese grupo no sea el mismo que, antes, lo hacía de una forma y hoy día trabaja la cerámica de otra. De hecho, el arqueólogo Roberto Martínez encontró puntas de flechas en vidrio español, que los jíbaros cuando entraron en contacto con el vidrio antiguo lo incorporaron como material. Esto no significa que eran otra etnia. Al hacer estas clasificaciones lo que hacen los arqueólogos es romper los lazos entre los indígenas del ayer y los de hoy. Entendemos que hay un interés en romper este vínculo entre los jíbaros de antes y el jíbaro de hoy, que es el mismo de siempre.

U: El término de la palabra jíbaro, el mismo sistema acepta que esta palabra es indígena, que significa "hombre de la montaña", según ellos. Pero ellos saben que es indígena, el nombre de nuestra etnia, y la deformaron e hicieron la definición que ellos quisieron.

H: Entendemos que le dieron esta definición porque la mayoría de nuestra gente vivía en la montaña. Y utilizaron esta definición solamente por donde encontraban los jíbaros, donde vivían ellos. No realmente por el significado en sí de la palabra.

U: Pero la palabra jíbaro como la planteamos nosotros viene de can'nib'ar'o, can'chib'al'o, o can'xib'al'o, y de ahí es que sale la palabra. Esta voz significa casta, linaje o descendencia por vía del varón (xib), el primer ancestro, el lagarto marino (Temibán). La sílaba Can significa lagarto o reptil. Chib'a'lo significa que muerde. Somos el clan del "lagarto que muerde". Caníbal, Caribe y Jíbaro son transliteraciones de este vocablo nativo.

C: Ustedes hablan de una ruptura impuesta entre el ayer y hoy, ¿cuáles han sido sus estrategias para mantener el vínculo entre el pasado y el presente vivo?

U: Hemos hecho recreaciones de actividades, estampas de nuestra gente. El libro más recientemente como una forma de promoverlo y llevar el mensaje. Aunque , es importante aclarar, sabemos que la gente del campo, los jíbaros, no se dicen que son indios, pero saben que son jíbaros, que son nativos, que son de esta tierra, que nacieron aquí y que llevan miles de años aquí. O sea ellos tienen un lío con decir la palabra indio, con decir que son indios, pero que son nativos de aquí no tienen problema, y que toda esta cultura que ellos practican es de ellos.

H: Y ven al español como alguien de afuera, que no tiene nada que ver con ellos. Pese a que el sistema de educación enseña en las escuelas que el taino, que es el indígena que ellos han puesto en los libros de estudios sociales, era el indígena de aquí, y que fue exterminado por la llegada de los españoles. Y que el jíbaro es un criollo, la mezcla del español, con el indígena que desapareció (lo cual no entiendo como pudo haber sido posible) y el afro-descendiente o africano. Lo cual tampoco entiendo que lo especifiquen como negros, porque acá llegaron personas que eran moros cristianizados. Pero ellos ponen esa imagen nada más: el español en el centro, el indígena a un lado y el negro africano al otro. Ellos han querido poner la imagen del Puertorriqueño de hoy a su propia manera. No viendo la realidad del pueblo. Nuestra misión principal es educar al pueblo, en términos de cual es nuestra identidad, que el pueblo ya la sabe, pero pues, afirmarnos como

XLII

pueblo indígena, que nuestra cultura básica es la indígena. Y que esta visión de quien es el Puertorriqueño es una visión de los académicos, que no es la realidad de nosotros, como pueblo.

C: ¿Cuántas personas indígenas o cuál es el porcentaje indígena existente en Puerto Rico?

H: Hace como 10 años se hizo un estudio biológico en la Universidad de Mayagüez por el profesor en genética Juan Carlos Martínez Cruzado. Tomó muestras de cabello para analizar el DNA de la mitocondria, donde se almacena el genoma de la madre que se transmite idéntico por generaciones. El mismo genoma a través del tiempo, transmitido solamente por vía materna. Esto se hace para detectar quien era tu abuela ancestralmente. Si era indígena o caucásica.

U: Este estudio demostró que de cada 100 boricuas, 62 vienen de madre indígena, 27 posiblemente de madre africana y 13 de madre europea. Este estudio nosotros no lo apoyamos porque se queda un poquito corto de la parte paterna.

H: Pero aun así lo curioso es que el estudio dice que la mayor parte de la gente en Puerto Rico, solamente por la línea maternal, es indígena. O sea, tú puedes ser un blanco, pero al tener una tatarabuela indígena, tu eres descendiente de indígenas. De ese 62% descendiente de indígenas por vía materna, la mayor parte tenía un genoma relacionado con los genomas de personas de Centroamérica y Yucatán. El padre de Uahtibili se hizo la prueba genética y salió 100% indígena. El abuelo también, que era indígena del barrio Caguana. Estamos diciendo que hace 10 años todavía había indígenas ¡puros! Esta teoría del gobierno donde dice que lo quedó de los supuestos taínos, fueron mujeres que se casaron con españoles se cae.

C: O sea, ¿ Uahti es indígena puro?

XLIII

U: Yo salí con un 80% porque una de mis abuelas era negra-mestiza. Tengo africano.

C: ¿Cuál es la misión principal de MOVIJIBO?

U: Desde el año pasado estamos luchando para que el Departamento de Educación en Puerto Rico corrija el currículum de historia, y que incluya los nuevos estudios. Nosotros el año pasado hicimos demostraciones frente al capitolio y diferentes áreas.

H: El 12 de octubre, día del llamado Descubrimiento de América, hicimos una quema simbólica de libros de historia usados en las escuelas. En la estatua de Colón en San Juan pusimos un cartel, objetando la estatua de Colón por genocida. Escribimos una propuesta que enviamos a Educación, a la Cámara, al Senado, al Ejecutivo, argumentando con estos nuevos estudios una solicitud de revisión curricular, y una actualización de los libros de historia y estudios sociales. Hasta el momento no hemos recibido contestación

U: La actividad contra la estatua de Colón que se piensa erigir en Mayagüez, es la continuación. Porque entendemos que Colón representa toda la mentira. Colón era un genocida, un asesino, y se le rinde tributo cuando debería ser lo contrario. Queremos que se corrija la historia y transmitir la verdad. Por eso usamos diferentes mecanismos para informar al pueblo, porque para que este cambio suceda tiene que haber presión de masas, del pueblo entero. El libro es uno de estos mecanismos, brinda una información clara. Algunos maestros y profesores lo están usando ya como texto de clase. Está al alcance de todos. Queremos que nuestro pueblo se afirme en su identidad de base nativa y que se comience a cuestionar la historia oficial.

C: ¿Cuál es la importancia de que el pueblo entienda esto?

XLIV

U: Nosotros entendemos que como pueblo tenemos un montón de problemas sociales y de salud física y mental. Y pensamos que esto se debe a que no tenemos afirmación como pueblo. No sabemos quienes somos. Creemos que si el pueblo sabemos quienes somos, cuales son nuestros logros, nuestros triunfos, de donde venimos, esto nos va a ayudar a ser un pueblo mejor, mas organizado, sin problemas sociales, como la droga y la criminalidad, nos ayudará a ser un pueblo más unido y a llevarnos a luchar por nuestros objetivos, nuestras creencias y nuestros propósitos.

H: Cuando un niño se mira al espejo, y le han enseñado que el como puertorriqueño es la mezcla de tres razas, español, africano negro y taino extinto, no le hace sentido verse con aspecto indígena, como nativo, como jíbaro. Y cuando al jibarito del campo lo rechazan, porque hoy día la palabra jíbaro es algo visto como que ¡wow! Aquella persona que no sabe nada, esta persona viene del campo. El proceso de colonización hizo muy bien su trabajo y hoy al jíbaro se le menosprecia, es una palabra despectiva. Así la gente hoy no quiere ser jíbara, y muchas personas tienen la mente colonizada ya. Y empieza a buscar modelos afuera, o a buscar respuestas en la academia.

C: ¿Cómo se puede adaptar esta base cultural nativa al sistema social de hoy día? ¿Chocan estos estilos de vida? ¿Cómo vive el indígena en el mundo contemporáneo?

U: La ciencia proveniente de Europa ha establecido unos requisitos para ser indígena. Ellos deciden quienes son indígenas. Plantean que los indígenas tienen que ser puros, pero estamos hablando de cosas biológicas. Y ser indígena no es solamente biológico, también es étnico y cultural. Y para realizar ciertas prácticas culturales, no tienes que estar en la mitad del monte engalanado con plumas para ser indígena. Ella es del caserío, pero su familia funcionaba como una indígena. En Latinoamérica se ha pretendido establecer que cuando dejas la canoa, cuando te alejas del río y del valle, y te vienes a la ciudad, vistes de otra manera, pues dejas de ser indígena.

H: Pero este es un pensamiento que ellos imponen para apropiarse de la tierra. ¡Ah! Aquí ya no hay nativos, pues esto no es de nadie ya, y nosotros tenemos el derecho sobre esto.

U: Es el sistema el que identifica qué es indígena y que no. Pero no importa, puedes ser doctora, ingeniera, pero tu cultura, tus prácticas, tus creencias, tus tradiciones son indígenas, aunque seas un profesional. Nos quieren confundir, yo creo que no chocan para nada. Fíjate, nuestra gente por miles de años tenían conocimientos científicos vastos. Eran astrónomos, eran químicos, estudiaban las plantas, y aplicaban esta ciencia. Los indígenas de América éramos cirujanos, operábamos el cerebro con bisturí. Los alimentos más importantes y más saludables son de nuestra gente. Somos los indígenas los que hemos hecho algunos de los descubrimientos más importantes del mundo. La naturopatía moderna es de base ancestral. El ser indígena no significa volver atrás, ¡si siempre hemos estado a la vanguardia!

C: ¿Quién más conforma a MOVIJIBO?

U: MOVIJIBO lo conforman montones de personas en diferentes pueblos de Puerto Rico.

C: ¿Y del gobierno han recibido algún apoyo?

U: Solo agresiones y represión.

C: ¿Cuál es su posición con respecto a los otros movimientos auto-denominados tainos que existen en la isla?

U: Ellos realizan prácticas que no son nativas. Realizan prácticas emulando indígenas norteamericanos, porque muchos han vivido allá, o nacido fuera y han relacionado sus sentimientos indigenistas con la lucha de los nativos norteamericanos. Y se ponen taparrabo y una serie de cosas que nada tiene que ver con los jíbaros. Entendemos que el Instituto de Cultura les está apoyando, porque están haciendo un indigenismo que no es el de aquí.

H: Inconscientemente estos grupos apoyan la teoría oficial. Perpetúan lo erróneo con su trabajo folklorista. Pero entendemos también que se sienten indígenas, y simplemente se han agarrado de la información incorrecta que les han inculcado desde niños.

U: Para nosotros, los indígenas de toda América somos un solo pueblo, que fuimos cambiando a través de miles de años. Tenemos diferentes formas de ver las cosas, pero estamos unidos. América toda somos hermanos, eso lo entendemos. Y nos quieren dividir, pero todos somos indígenas, nativos, lo mismo.

Uahtibili Báez Santiago es descendiente de las dos últimas abuelas chib'a'lo boricuas que practicaron ritos en el Centro Ceremonial Indígena de Caguana. Oriundo del Barrio Caguana en Utuado, es agricultor, artesano, escritor y activista en pro de los derechos indígenas del pueblo Boricua. Uahtibili también es cinta negra Shaolin Kung-Fu. Ha desarrollado su propio estilo llamado Can'uc'hool: la serpiente de siete cabezas.

Huana Naboli Martínez Prieto (antes conocida como Juana Grisel Martínez Prieto) tiene un bachillerato en Biología y es maestra de escuela elemental en el Departamento de Educación Pública. Autora de cuentos para niños y activista en pro de los derechos indígenas del pueblo Boricua.

Carolina Caycedo *es descendiente de los indios Pijaos y Quimbayas de Colombia.*

XLVII